WEALTH

天窗出版

移英財稅

七步走

李澄幸、李明正　著

目錄

推薦序

拿督蔡明敏

馬來西亞 MMTS 創辦人

中文書籍少有的移民理財資訊

很多人的理財一塌糊塗，其中一個原因是學校沒有教，大家都是出來社會之後靠自己摸索；如果沒有認真去學習這方面的知識，就像瞎子摸象，一知半解；一些不幸的人就因此令自己的錢財損失慘重。

理財規劃的範圍很廣，不同的年齡層和目前的處境都會有不同的處理方式，如果沒有處理好，會影響我們家人往後的生活方式。 例如一位年輕人和一位中年人的有風險承受度不同；年輕人如果太保守，就會損失一些回酬高的投資機會。而中年人就必須比較保守，才不會遇到「人又老，錢又沒」的尷尬局面。

除了緊急金之外，我們存錢是為了投資（save to invest, not save to save)，這樣長期的累積之後，才能達到經濟獨立。理財知識淺的人只知道銀行的定期存款，可是把太多錢放定存，沒有將手頭上的錢做到利益最大化，這是非常可惜的。

市面上有很多關於個人理財的書籍；但首先我們必須瞭解作者的背景：西方的理財書籍，肯定跟我們亞洲人看東西的角度有所出入，理財的手法也會有所差別。例如亞洲人一般喜歡買房子來居住，但西方人就不一定，他們覺得租房子會比較有彈性，萬一要到其他城市或出國工作，不必牽涉賣房子的複雜過程。

理財也要分長期、中期和短期的專案，不是全部都在短期或長期。一般上中期和長期的投資回酬會較高和穩定，房地產就是一項中長期的投資。房地產還有一個好處就是能夠利用槓桿的效果，達致更高的回酬。

很高興看到李澄幸和李明正老師出版《移英財稅七步走》一書，內容深入淺出，容易明白，適合所有想到英國居住的人參考。我有逛書店的習慣，發現中文書籍很少有這一方面的資訊，所以這一本書的出版肯定會幫助很多想移民的人。

我特別喜歡李澄幸老師對各位想移民人士的提醒，我們應該清楚知道移民前必須考慮周詳，才不會去到一個新的環境，發現原來很多事情都沒安排好，而產生不必要的麻煩。

我在馬來西亞擔任保險及理財顧問多年，目睹很多理財成功與失敗的個案，差別就是他們對理財知識的多寡。我們都會鼓勵客戶投保適當保額作保障，萬一他們不幸太早離開，家人的生活方式才不會受到重大打擊。

理財知識能幫助我們把手頭上擁有的錢最大化，不只是會用勞力掙錢，也要用錢去賺錢，才能早日達致經濟獨立。「工欲善其事，必先利其器」就說明了要提早達致經濟獨立，必須多增加理財這一方面的知識，才能事半功倍。

推薦序

股榮
財經專欄作家

移錢、移仔、移民

移民潮繼續是2022年大家的共同話題。股榮以及身邊不少朋友，去年都離開香港，在外國展開人生新一頁。很多朋友都問到，怎樣做到一個好的移民部署？我一般以六個字作總結：移錢、移仔、移民。

移民到英國以至其他國家，要適應當地生活之餘，過來人經驗，事先一定要有周詳財務策劃，很多朋友都以為，在香港有樓收租、有股票收息，到英國就算一時三刻未搵到工，都可以「頂住先」，卻不知道當地的稅務規定甚辣，大失預算。甚至乎年屆退休人士舉家遷英，財政充裕、財務自由，但不幸被英國抽重稅而不自知。

移民三部曲的「移錢」，不是單單將香港戶口搬去英國，而是合法兼保障自身利益大前提下，移民前後，將資產重新整理、配置，並逐步轉移、甚至乎借助特別渠道保障自身利益。認識李澄幸（Ray）已十年，得知他將出版《移英財稅七步走》的新書，對籌備移民或已移英人士而言，都屬值得細閱的工具書。

新書裡，有一節講到英國稅務的迷思。移民前，我以為自己已做足準備，刨足資料，但原來我搞錯很多概念，例如以為只要不把香港的收入匯到英國，便不用報稅，但港英通過自動交換（AEOI）的機制，我在香港的收入及增值收益，英國稅局也能知道得一清二楚。

低稅率、簡單稅制，這是香港獨特優點，其他國家的稅制、由薪俸稅到資產增值稅，以至遺產稅，每項都相當繁複，「麻煩」是肯定的，但移英前處理「麻煩」，總比抵達後處理好，因為屆時就是頭痕。Ray 和 Gin 的新書裡有多個家庭例子，深入淺出地講解如何處理股樓保單等資產，參考性甚高。

有不少朋友移民，初衷是為小朋友的將來設想。移民前為小朋友學校讀書等籌謀是重要，但更應該為理財事宜進行規劃。

湯恩銘
香港永明金融分行經理
香港人壽保險從業員協會執委會理事
百萬圓桌會香港及澳門地區主席（2021-2022年）

If you fail to plan, you plan to fail

「Hello! 好耐冇見啦，我打算移民啦，可唔可以幫我cut咗份保險！」

香港正經歷新一輪的移民潮，近年筆者經常接到客戶計劃移民的電話。於移民風潮底下，難免有朋友「心郁郁」想在新地方重新發展，甚至落地生根。但久不久便看到新聞報道部份人士移民後面對困境，另一些移民人士生活卻很愉快，究竟問題出於哪個地方呢？

著實移民與否純屬個人決定。但因一剎那衝動，於缺乏規劃及適當財務安排之下移民，情況便等同於在不使用Google Map的情況下，駕車到一個從沒到過的地方，很大機會出現去不了目的地或要耗費更多時間才能到達的結局。

理財是終身任務，不管富裕或貧窮、年紀大與小、國籍是否中國香港，財富一樣需要規劃、需要妥善安排。香港普遍制度健全，退休

金、醫療制度等等相對簡單易明，稅制上更加是世界上數一數二簡單，但當人在外國，便是另一回事。

本人認識李明正（Gin）多年，一直欣賞他對專業執著和不斷求進的精神，在保險行業內亦是一名享負盛名的培訓導師。本書從多角度分析英國個人稅務，最難得是能結合理財正確方法去提供不同的方案和反思，深入淺出從「七步」為計劃移民英國的讀者解難。無論現在的你在任何一個計劃移民的階段，相信本書定能為大家帶來富有意義的指引和寶貴的智慧。

推薦序

伍顯縉（Sunny）
MMTS 亞洲行政總裁

移民後傳承財富　當心被課稅

從事保險業培訓工作多年，發現大部分客戶對理財的概念也十分模糊，缺乏清晰的財務目標，沒有全盤考慮的工具，以及對法規及稅務的知識，因此，財務策劃的專業性就更為重要。

近年無論身邊朋友還是社會上，移民也是大熱話題，尤其是移英，不只在業界聽說很多經典案例，就連身邊很多朋友移居英國的時候，也是來一場說走就走的移民，欠缺完整的策劃，對稅務、文化差異、教育的知識都是一知半解，當中最常見和嚴重的，就是缺乏稅制知識。習慣了香港的簡單稅制，很多香港人根本想像不到外國稅制的大不同，缺乏知識下無法完成完整的稅務安排，完全忽視了稅制對傳承無遠弗屆的影響。

身為作者李澄幸的大學同學，這些年見證著他持續在「移居＋理財」這個課題上的深入研究，成為業界首屈一指的權威導師。我很榮幸可以為《移英財稅七步走》這本書寫序言，我衷心推薦業界閱讀，

我認為這本是每一位想做得更好的業界人士必須細讀和收藏的好書。

書中的例子貼地，知識架構完善：新思維、移民七件事、移民三部曲、稅制三把刀、稅務迷思、如何應對高稅的原則，以及很多移民理財安排的真實案例，書中都一一剖析。

面對將會移民或考慮移民的客戶，我認為業界需要重新建立客戶認知，了解保險工具的另類功能，解決移民對他們財務規劃及傳承的影響。

當然，業界自我提升知識才是真正第一步，衷心推薦這本書給你，持續學習才能給客戶最好的服務。

推薦序

陳樂禧
香港會計專業聯會主席
中遠環球會計師事務所創辦人及主席

規劃信託　保障家庭資產

很榮幸受邀為《移英財稅七步走》寫序，相信本書能為準備移居英國的讀者帶來理財新思維及稅務小知識，皆因香港和英國的稅制完全不同，從收入來源地域徵稅變成全球徵稅，加上稅制複雜、稅率高，若果沒有事先做好準備，很容易令身家大縮水。如何才能做到有效的理財及稅務規劃，一切從檢視家庭資產組合開始，並了解當地稅制，制訂預算、方案，然後配合保險及信託的優點等，達致資產最大化、跨代傳承的效果。

信託對於一般人而言，可能較為陌生，卻是稅務規劃的關鍵點。本書會簡單說明信託的基本概念、成立的原因，並探討如何好好應用使資產更增添靈活性，同時有效保護資產。至於成立信託的成本主要分為三部分：成立費、每年的行政營運費，及第三方服務支出，基本上是每一個小康家庭也能負擔，所以也不必太過憂慮。在成立過程上，亦能尋找專業人士的意見，盡量將信託資產、收益分配條件精簡化，以達致持續營運的效果，不過讀者亦要視乎自身資產規

模去決定這個方法是否適用。最後提提大家信託必須盡早在離港出發之前及未成為居籍（Domicile）前安排妥當，善用信託進行稅務隔離，才能得到最大效益。

移民英國的準備，你做好了嗎？

自序

李澄幸

在2019年某報章的「理財信箱」，有讀者來信問及移居外地該如何理財，當時是我首次於報章撰寫「移居＋理財」的文章。同年的11月，在《信報》開設新專欄，專注於撰寫移居需要注意的各種理財事項。回想起來，當時未有BNO Visa移英政策，「移居＋理財」這個題目給人的感覺是新穎的，猶如喜劇《少林足球》中的「功夫＋足球」般，部分同業也表示「撮頭」，感覺有點風馬牛不相及，是相對小眾的題目。至2020年中後，隨著各國推出新的移民政策後，「移居＋理財」在香港才得到廣泛的討論，也因為我們較早開始進行相關研究，有幸獲邀參與各種理財節目及講座，和大家探討相關的理財準備，亦親身聆聽過很多移民家庭的理財問題與煩惱，反過來也刺激自己進一步研究更多適合香港移民家庭的理財方案。

事實上，就算你不移居，只投資海外資產也有可能面對外地的遺產稅，故隨著全球化及環球資產配置的盛行，財務策劃也要國際化。惟過去多年，提到投資海外這個話題，一眾投資者只是絞盡腦汁尋

找各種低成本的投資平台和工具，但面對高昂、甚至乎動輒數十個百分比的稅項卻無動於衷，這也是我們研究及撰寫相關題目的初衷，希望提高大眾對財務策劃的重視程度，認識到完整的財務策劃不只是保險及投資策劃，更有稅務與遺產策劃。

《移英財稅七步走》是我與李明正（Gin）的合著，與 Gin 相識於大學，畢業後一同投身理財行業，多年來一直合作做各種的理財教育工作。「移居＋理財」是我們共同研究的題目之一，大家花了不少的時間去學習英國的稅制，更重要是梳理出這些稅制與香港人常見理財習慣之間的關係，甚至是潛在的衝突，繼而是如何制訂新的理財方案。本書希望為有意移英的朋友提供全面的理財視角，並從出發前的第一步開始說起。雖說本書以英國為案例，但當中部分的理財思維或同樣適用於其他高稅國家或地區，比如稅階管理和為遺產稅準備「稅源」等概念。

在全球化的當下，基於留學、工作或退休等需求而移居他地愈見普遍，一個家庭有「多國成員」甚至是一個人有多個「身份」也愈來愈平常，理財思維也要與時並進，包括我們在內，是次出書也是持續學習的一個過程，未來也會繼續在媒體上為大家送上更多相關的資訊。本書能夠成功出版，要感謝天窗出版社和贊助機構，同時，希望藉此感謝過去曾邀請我們擔任講者的各大金融機構、所有支持我們的讀者朋友，以及一眾合作過的專業人士。

最後，特別感謝我的太太和女兒，你們的支持是我最大的動力來源！

自序

李明正

我是一個生於斯、長於斯的香港人，祖上三代都紮根這土地，在這裡讀書、工作、創業以至組織家庭，我以生活在這國際都市，並以獅子山下精神努力而自豪。

這幾年，香港有很多變化，有人認為這裡變得陌生，也有人認為這裡仍然五光十色，有人說香港現時踏入「移民潮4.0」，我倒認為香港依然是「城外的人想衝進去，城裡的人想逃出來」，在世界公民概念普及化的年代，移民移居只是一種選擇，是對未來生活願景的一種抉擇，需要誠實面對自己，也需對家人負責，就是我經常分享的「移得早，不如移得好」，不要將移民簡單化，也不要將移民當作終點。不要將所有雞蛋放在同一個籃子，適用在投資，更適用在移民規劃上。

我從事了超過15年的私人客戶財富管理及理財教育工作，發現財務策劃不外乎圍繞「家家有本難唸的經」和「變幻原是永恆」兩個道理。小至個人退休安排，大至國家及地區稅制改革，全世界每

天都在變，而每個家庭也受到外在社會環境因素，及內在生活憧憬影響，財務策劃每天都有新鮮事。我和本書的另一位作者李澄幸（Ray）也認識了接近15年，幾年前開始就海外移居規劃、移民理財這些題目在不同媒體發表文章及分享見解，特別在2020年7月，英國為合資格香港人推出了BNO Visa簽證的移居途徑後，霎時間，相關稅務、理財資訊如雨後春筍湧現，遺憾普遍都是以偏蓋全、良莠不齊，容易令計劃移民移居的人士誤會，最終甚至因規劃不足而大失預算。有見及此，我和Ray合著了這本書，希望以嚴謹的態度，結合我們多年的理財心得，一步步解構英國複雜的稅務，打破坊間迷思，為讀者系統化呈現各種實用財稅原則和解決方案。

英國的稅務規則Tax codes長達約2萬頁，冠絕全球，我們絕不敢妄言充分認識。書中的內容，我們都盡力提供資料來源，在著作過程中，近一年多每天持續研究英國稅局公開資訊、當地的稅例法案及判詞，請教當地專門處理移民客戶的稅務師、多國籍私人客戶的稅務律師等。從開始的「移民七件事」，到結尾提出「再移民」的可

能性，我們希望從心境、知識、態度及多角度思考方面，為讀者移英前做好全面準備，為留下來的家人負責任，及為您們的未來提供更多選擇和可能性。

在此我要多謝上述在香港和英國曾為本書協力的專業人士、本書的贊助機構、天窗出版社、為我們撰寫序的5位資深行業領袖、近年所有邀請我們演講的銀行、保險公司、金融機構、專業團體、所有支持我們出書的朋友以及聽過我們分享的聽眾、業界朋友、Facebook的「粉絲」。你們的每一個問題、每一個設想、每一個疑慮，都豐富了這本書的內容，推動我們做得更好。最後當然要多謝我太太和家人的支持，讓我可以心無旁騖投入研究及寫作，讓這本著作可以面世。

前言

移民與否　先考慮「七件事」

移民意味著要去到新的國度,在異國開啟全新生活,相當於要重新規劃人生。本書希望提供完整的移民理財規劃思路,故不只是針對有意移民的朋友提供財稅「策劃七步」。大家決定移民與否前,建議先從7個角度規劃移民,將生活的細節考慮清楚,再配合理財準備,才可萬無一失。

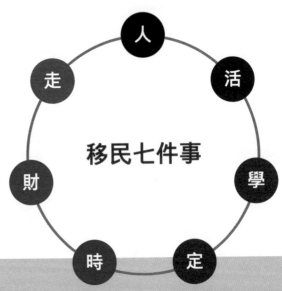

人

在你的計劃中,哪些家人會跟你一起或先後移民?

移民不只一個人的事,也必須知道其他家庭成員如配偶、子女等的想法。子女會否 / 能否一同移民?目的地會否不一樣?假如父母健在,會否 / 能否一同移民?

由於部分國家的移民政策限制,或文化差距等原因,年老的父母或未能跟隨子女移民,但移民子女不要忘記為父母策劃,以防出現「移民遺老」!首要安排生活上的照顧,也要安排供養。事實上,由於退休策劃概念的不足,現時香港很多退休人士都沒有足夠的財政儲備。比起父母個別去金融機構聽不同的意見,移民子女也可以「遙距」協助父母管理投資,安排生活費。

至於父母面對子女移民，也要做好理財策劃，因為你愛錫的是你的子女而非外國稅局！舉例説，由於不少國家會收資產增值税，如果「富爸媽」為子女置業，就等同將部分租金收入和資產增值上繳稅局，愛錫子女的心意便大打折扣。第2章將再詳細講解英國稅制。

又舉例説，海外國家多徵收遺產稅，也對生前的贈與有不少的限制和規定，特別是在移民潮下，一個家庭的不同成員有幾個身份甚至國籍並不是奇怪事。假設你移民到澳洲，父母留在香港，而你的子女未來會在其他國家定居，理財及計劃傳承財富時，必需考慮到每一個國家或地區的遺產繼承程序有異，可以想像繼承過程所需要的「工作量」及麻煩程度，絕對比整個家庭都留在香港困難得多。要處理好傳承財富，可以透過「保險＋信託」協助管理財產，此方案將在第6章講解。

活

移民後的生活，你想如何過？

移民不是去旅行，有些朋友去旅行也可以用數個月準備，有些朋友移民卻「話走就走」，筆者建議從個人生活出發考慮移民細節，當中包括當地天氣、衣食住行、治安、政府管治、民眾衛生意識、宗教信仰、生活節奏等等。

醫療和養老服務也是不容忽視，例如兩地醫患處理手法不一致，在我們眼中的「大病」，在當地可能會當作「小病」處理，治療方式不同，等候時間亦可能較長。在這些情況下，回港短期就醫可能是更好的選擇，畢竟很多人都有相熟的家庭醫生，對「本土病」的治療也較為熟悉，在移民前如果有保留醫療保險，相關醫療費用亦可獲得減免甚至抵消。關於移民前應否保留香港保險，會在第4章再作討論。

學

移民後，你準備重新學習？

在移民後，很多人都要重新開始、都會面臨同一個問題：我要怎麼融入？語言、當地「方言」、文化及生活習慣都需時適應，甚至要重新建立社交圈子。

生活技能如駕車、家居裝修、煮食、照料老幼等，也需要重新學習。香港大多中產家庭都會聘請外傭，因為外傭的工資成本對比自己所犧牲的時間或商業價值，簡直是微不足道。不過，由於外國難聘外傭，很多家庭在移民後，夫妻之間的其中一個，會因為照顧家庭的需要而離開勞動市場，所以移民後收入減少幾乎是大概率會發生的情況。移民前應做好收入和開支預算，準備匯入充足生活費，具體細節會在第5章詳細説明。

定

移民後，你想以甚麼「身份」安定下來？

相信很多人移民的最終目標是希望入籍，成為一國公民。移民，其實不一定要入籍，一定要分清「簽證」、「永居」及「入籍」。簽證是出入境管理機關批准外國公民入境的文件，包括各種短中長期簽證，如旅遊簽證、工作簽證等等。永居是「永久居留權」的簡稱，持卡人在不需要簽證的情況下就能自由出入簽發國，

具有在簽發國永久居留、工作和學習的權利，可以享受公共醫療、教育等社會福利。例如美國永久居留卡是綠色，我們稱某人拿到美國的「綠卡」，即代表其拿到美國的永居權。其他國家的永居也有不同稱呼，比如加拿大俗稱「楓葉卡」，日本則稱「登陸證」。

至於入籍，即等同辦理一個國家的護照，成為了該國家的公民之一，護照在國家內部也可以被當成身份證件而使用。持有一個國家的護照，就完全和生於斯長於斯的公民一樣，享有完全同等的福利及政治權利，當然納稅、兵役等公民義務也相應需要履行。

不過，除了國籍的身份規劃外，移民人士也要考慮「稅務身份」的規劃。離開之後，你會否保持原住地的聯繫（Hong Kong-Ties）？為了保持一定原居籍地的關聯性，普遍移民人士都會考慮保留物業、金融資產、現金等等，如果變成當地稅務居民，就需就所有海外收入及資產徵稅，屆時才處理相關資產便可能太遲，需要面對潛在稅務責任帶來的高昂「機會成本」。有關稅務身份的規劃，會在第 2 章再深入解讀。

時

你計劃甚麼時候移民？

制訂移民時間表上，除了要考慮「移民監」時間，還要特別考慮資產的安排，例如美國的境外委託人信託、加拿大的祖母信託，均有移民前5年成立的要求。有關安排會在第6章詳談。

財

移民前後所需的財務策劃，你準備好了嗎？

首先在生活上，你要計算移民後在當地的生活開支，要計算有多少錢需要轉移到移民的國家，有多少錢可以留在境外地方用以節省稅項。

人離開以外，資產財富也要跟隨移民。移「產」的規劃，你需要重組資產，包括現金、銀行戶口、保險、MPF、基金、股票、物業等，以及處理資產轉名、過戶、成立信託等，移民前在財務準備得足，移民後的生活能安排得更好。

走

移民出「走」有很多不同方式，你考慮哪項？

除了選擇移民、移居或投資移民外，你會否有「二次移民」、「旅居」的計劃？以 BNO Visa 移民英國為例，一條簡單問題：「5+1以後，你會去哪裡？」有人考慮回流香港，等6年後準備下一次「離開」，有人想到亞洲其他地區養老，但更多的是未有考慮。

簡單舉例，由於以BNO Visa移民沒有資金要求，如果在移民時能善用資金，同步投資在「投資移民」的項目上，就能同時做到分散資產地域、免稅境外增值及取得額外公民／居民身份。例如將賣出香港物業的資金用來投資葡萄牙物業，便可藉此取得黃金簽證，為自己「離開」英國時準備更多的選擇。

例如在移民前成立除外資產信託、私募人壽等工具保存境外資產，移民後便可根據意願，心無旁騖選擇生活方式，減少稅務造成的財政壓力，為生活規劃提供更大的自由度、更多的可能性，第7章會再詳細講解。

慳稅變相增加財富

總括而言，移民無容置疑是一件人生大事，「移民七件事」作為一個清單，每個人的答案都不一樣，但每個答案都離不開金錢，如果你心水清，為免辛苦半生積累的財富變成他國的「移民嫁妝」，你會發現移民前的理財規劃遠比想像中重要，特別在英國等高稅國家，收入、財富增值及遺產都可能被徵稅。慳稅愈多，你的財富也愈多。

在本書接下來的章節，我們會聚焦「移民七件事」的「財」。在保障自身利益和財富增值的大前提下，在離港前以「七步」重新整理和分配資產，並逐步轉移至合適的財務工具。

第一步：從香港移民到其他地方，多是從低稅及簡單稅制轉移至高稅及複雜稅制。因此，移民人士應改變舊有的理財心態，從以往針對個人和香港的理財規劃，現時應開展家庭、甚至跨地域的財務方案；

第二步：認識英國稅制，了解自己有機會觸及哪些稅網、何時需要交稅；

第三步：移民前檢視股票、物業等資產，決定保留或沽出；

第四步：認識香港保險在英國的獨特性，並決定保留或沽出；

第五步：需要動用的資產，先行匯入英國，餘下的可考慮放在獨立戶口，成為「乾淨資本」，海外收益以「匯入制」保留在海外延稅，或留給在港的家人；

第六步：將資產注入家族信託，規避遺產稅；

第七步：獲取了英國護照後，可選擇移居至低稅的國家，事前了解其他國家的稅務法規，在「再移民」時把握機會保留更多家庭財富。

第一步

從低稅到高稅
須改變財務策劃

1.1

移民後身家縮水？

香港的稅制相對簡單，而稅率亦較低，亦沒有遺產稅，但隨著移民潮再現，從香港移民到其他地方，多是從低稅及簡單稅制轉移至高稅及複雜稅制，由於稅務比較重，在徵稅過後，單是收入便可能大減，因此讀者們應該考慮外國高昂的稅率會如何影響自己的財務策劃。

圖表1.1　香港與熱門移民地區稅制比較

國家 / 地區	個人入息稅 最高稅率	資本增值稅 最高稅率	遺產稅 最高稅率
香港	17%	不適用	不適用
英國	45%	28%	40%
澳洲	45%	併入個人入息稅	不適用（遺產增值部分 或徵收資本增值稅）
台灣	40%	併入個人入息稅或 最低稅負制	20%

註：詳情可參閱各地政府的官方網站

海外國家的稅制相當複雜，有意移民的朋友，必須至少認識環球徵稅以及遺產稅，這兩個稅務概念是最多香港人關注而又陌生的。

環球徵稅

首先說說「環球徵稅」，和香港徵稅採用「地域來源」原則不同，即只有源自香港的利潤才需要課稅；環球徵稅則指稅務居民（第2章會再講解稅務居民的概念）要為其全球收入，包括薪金、資產升值、股息，以及租金收入等繳稅。由於近年盛行環球資產配置，愈來愈多香港家庭會投資海外房地產、投資海外股票，和開立離岸戶口，資產不只是集中於香港，而是分佈於世界各地，舉例說，一個投資者基於香港樓價貴，加上壓力測試和按揭政策的考慮，想投資多幾個物業收租，很多人選擇轉戰海外。這些原來毋須在香港繳稅的資產，在移民後都可能會被納入他國稅網，需要考慮的法律和稅務問題自然變得更複雜。

遺產稅

至於遺產稅，現時全球有約114個國家或地區開徵遺產稅、繼承稅或相關稅項，房產一般是根據其所在地的稅法來徵收遺產稅的，不論你是哪一個國家或地區的居民。以英國為例，非英國居民仍須就位於英國的資產繳交遺產稅，該稅項的免稅額為32.5萬英鎊，

餘額的應繳稅率為40%。美國的遺產稅法也相若，只要資產處於美國，非美國人同樣有機會需要繳交遺產稅，一旦過世，只有6萬美元的遺產免稅額，超過的部分將要繳交18%至40%不等的遺產稅。此外，按環球徵稅的概念，遺產稅的稅網也有機會覆蓋全球的資產。換言之，若一個人在沒有任何稅務和遺產規劃下離世，身家將大縮水。

假設你擁有資產總值5,000萬港元，之後移民至英國，如果沒有做好稅務及遺產策劃，兒孫不用敗家，也會「富不過三代」，因為財富每傳一代，就打一個六折！

圖表1.2　英國遺產稅例子

	遺產	遺產稅免稅額*	應稅資產*	遺產稅稅率	淨遺產
第一代	$50,000,000	$10,000,000	$40,000,000	40%	$34,000,000
第二代	$34,000,000	$10,000,000	$24,000,000	40%	$24,400,000
第三代	$24,400,000	$10,000,000	$14,400,000	40%	$18,640,000

> *假設匯率為 1 英鎊兌 10 港元，免稅額以夫婦合併額度計算，當中包括個人免稅額 32.5 萬英鎊及自住物業贈與下一代的免稅額 17.5 萬英鎊。

移民需改變理財思維

過往大部分香港家庭不太重視稅務和遺產的策劃，不過看過上述解

説後，讀者們應該考慮以新思維規劃移民後的理財策劃。財務策劃（Financial Planning）是針對個人和家庭的財務狀況和目標來做全方位的規劃，這些目標可以包括移民、置業、子女教育和退休，所以，現在更流行將財務規劃結合「人生規劃」。完整的財務策劃至少包括以下幾個元素：

- 投資策劃

- 保險策劃

- 退休策劃

- 遺產策劃

- 稅務策劃

以往完整的財務策劃在香港並不流行、特別是稅務和遺產策劃，但事實上，從創造財富、保護財富到傳承財富保險、投資、稅務、退休和遺產是環環相扣的。疊加上述的移民趨勢，一個家庭隨時擁有幾個國籍或居留權。舉例說自己選擇到台灣享受生活，父母留在香港養老，兒子和女兒在英國發展。「跨地域家庭」愈來愈普遍，財務策劃就變得更重要，至少要考慮以下各項，包括銀行戶口所在地、檢視投資組合以應對新的開支預期、匯率風險、稅制、社會及醫療福利，以及跨國資產的遺產傳承安排。其實理財和自身需要的關係相當密切，畢竟人生有很多目標，都需要有經濟實力作為基礎，總之，人四圍走，要考慮的事情自然更多。

慳稅將財富「保值」

需知道,理財不外乎量入為出和財富增值,「慳稅」也是財富「增值」的一個途徑!簡單「慳稅」的做法,就是將錢從一個口袋放到另一個口袋,享受扣稅優惠。

筆者以港人近年較常聽到的「扣稅三寶」介紹慳稅概念。自2019年起,香港推出了「扣稅三寶」,分別指自願醫保計劃(簡稱「自願醫保」)、合資格延期年金保單(簡稱「扣稅年金」)及強積金可扣稅自願性供款(簡稱「扣稅MPF」)。

舉一個簡單的例子,以扣稅MPF為例,假設你的個人薪俸稅稅階達到17%,如果選擇每年供款60,000港元到扣稅MPF賬戶,可節稅10,200港元,故「實際供款」變成49,800港元。如果你現年60

歲，預期65歲退休，扣稅MPF選擇保證產品，不考慮通脹等其他因素下，內部回報率（Internal Rate of Return, IRR）可以做到每年約6%的「回報」，而且是接近零風險的，因為這是「慳」回來的錢。

圖表1.3　扣稅MPF慳稅操作

年齡	每年名義供款	累計名義供款	扣稅後實際供款	累計實際供款	現金流
60	$60,000	$60,000	$49,800	$49,800	-$49,800
61	$60,000	$120,000	$49,800	$99,600	-$49,800
62	$60,000	$180,000	$49,800	$149,400	-$49,800
63	$60,000	$240,000	$49,800	$199,200	-$49,800
64	$60,000	$300,000	$49,800	$249,000	-$49,800
65	/	/	/	/	$300,000
					IRR=6%

「扣稅三寶」令不少香港朋友開始關心稅務安排，原來錢放在「左邊口袋」和「右邊口袋」，效果可以不一樣！雖然外國沒有「扣稅三寶」，不過移民前，以慳稅的概念策劃新的財務方案，透過檢視和調整應稅資產的規模及結構，以不同的節稅工具將錢放入不同口袋，就能夠在轉移財產時減輕自己的稅務負擔。

1.2

交資產增值稅
投資回報大減

很多國家都會徵收資產增值稅,在賣出股票、物業、車位等資產時,增值的部分要向政府交稅。英國資產增值稅的最高稅率是28%,澳洲和台灣均將資產增值稅併入入息稅計算,最高稅率分別是45%和40%。移民後,繳交資產增值稅,對你的財富組合回報和策略有著重大影響!

「稅後回報」才是真回報

從長線角度看,由於部分增幅需上繳稅局,因此「稅後回報」才是真回報,會大幅減弱複利息的威力。

假設你的投資組合有100元,能夠以每年10%的速度增值,20年後就能滾存到672.75元(圖表1.4),增值6倍以上。不過,如果收益需要每年繳納30%的資產增值稅或入息稅,結果又如何呢?同樣是20年的時間,投入100元,只能增值至386元(圖表1.5),增值幅度不足4倍。由此可見,「稅款」也是複息效應,不過是負

數的那一種！而且不會中斷，年年要交稅，年年要經歷，是「標準的複利」。

圖表1.4　毋須納稅的投資回報

年度	年初本金	投資回報	年底結餘
1	$100.00	10%	**$110.00**
2	$110.00	10%	**$121.00**
3	$121.00	10%	**$133.10**
4	$133.10	10%	**$146.41**
5	$146.41	10%	**$161.05**
6	$161.05	10%	**$177.16**
7	$177.16	10%	**$194.87**
8	$194.87	10%	**$214.36**
9	$214.36	10%	**$235.79**
10	$235.79	10%	**$259.37**
11	$259.37	10%	**$285.31**
12	$285.31	10%	**$313.84**
13	$313.84	10%	**$345.23**
14	$345.23	10%	**$379.75**
15	$379.75	10%	**$417.72**
16	$417.72	10%	**$459.50**
17	$459.50	10%	**$505.45**
18	$505.45	10%	**$555.99**
19	$555.99	10%	**$611.59**
20	$611.59	10%	**$672.75**

圖表1.5　須納稅的投資回報

年度	年初本金	投資回報	年底結餘	應繳稅款 （30%）	稅後結餘
1	$100.00	10%	$110.00	$3.00	**$107.00**
2	$107.00	10%	$117.70	$3.21	**$114.49**
3	$114.49	10%	$125.94	$3.43	**$122.50**
4	$122.50	10%	$134.75	$3.68	**$131.08**
5	$131.08	10%	$144.19	$3.93	**$140.26**
6	$140.26	10%	$154.28	$4.21	**$150.07**
7	$150.07	10%	$165.08	$4.50	**$160.58**
8	$160.58	10%	$176.64	$4.82	**$171.82**
9	$171.82	10%	$189.00	$5.15	**$183.85**
10	$183.85	10%	$202.23	$5.52	**$196.72**
11	$196.72	10%	$216.39	$5.90	**$210.49**
12	$210.49	10%	$231.53	$6.31	**$225.22**
13	$225.22	10%	$247.74	$6.76	**$240.98**
14	$240.98	10%	$265.08	$7.23	**$257.85**
15	$257.85	10%	$283.64	$7.74	**$275.90**
16	$275.90	10%	$303.49	$8.28	**$295.22**
17	$295.22	10%	$324.74	$8.86	**$315.88**
18	$315.88	10%	$347.47	$9.48	**$337.99**
19	$337.99	10%	$371.79	$10.14	**$361.65**
20	$361.65	10%	$397.82	$10.85	**$386.97**

圖表1.6　有資產增值稅 vs. 沒資產增值稅的投資回報

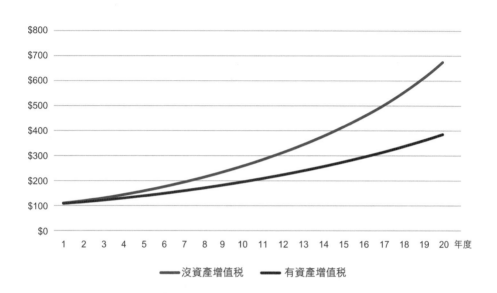

低買高賣　或得不償「稅」

資產增值稅也會影響短線炒賣策略，即使成功低買高賣，回報也可能會較在香港時少一截，甚至得不償失！

假設Peter以每股1元的價格買入1萬股A公司的股票，總值10,000元。6個月後，股價上升到每股2元，Peter認為A公司是好股票，不過股價升得太快了，他預測將有一個20%的調整，所以Peter決定先沽出股票，希望等低位再買回。

結果，Peter預測準確，幾個月後，股價真的下跌了20%，跌至1.6元，Peter又再次買入。這樣精準的低買高賣操作，Peter賺了多少錢呢？

如果Peter在香港執行此操作，不計算手續費及其他印花稅，Peter賺了10,000元。不過如果Peter在一個資產增值稅率為45%的國家進行此買賣，Peter其實只是賺了5,500元。扣除4,500元該繳稅款後，Peter手上的「淨現金」是15,500元，Peter用這筆現金去「撈底」可以買回多少股A公司股票呢？

答案：15,500元 ÷ 1.6元 = 9,687股

換言之，這個「撈底」連原有的10,000股都買不回來！如此的「神操作」，原來都不及「長揸」，費心費力卻效益偏低，這就是資產增值稅對股票交易的影響。

雖然以上是假設例子，不針對指定的國家或地區，但高資產增值稅率並不罕見。移民後，投資規劃必須結合稅務考慮，需要重新檢視自己的投資組合和策略。很多人都會關心現有資產是需要資產增值稅及如何避稅，在第3章會再詳細解說。總之，移民後理財，必須先「理稅」，這是必須具備的理財思維！

1.3

買危疾保　規避稅務風險

保險本質上是風險管理的工具，一般香港人會認識保險可將死亡、意外、危疾和醫療等引致的經濟損失，利用保險賠償來支付額外開支，將損失減至最少。事實上，需要風險管理的並不只是生老病死，在移民後，保險在外國還有另一個用途，就是防範稅務的風險，以下以危疾保為例子說明。

疾病風險無分國籍

假設你打算移民英國，現時持有一個香港物業，考慮到未來可能會回流，你決定保留物業。你知道資產增值稅的基本原則，就是沽出時物業才需要就增值部分徵稅。換言之，只要一日不沽出，高昂的資產增值稅就與你無關。不過，這個「如意算盤」是否必定如願，其實涉及不少變數。

事實上，危疾保險能對沖疾病所帶來現金流風險，而這風險與你是英國人，還是香港人，均沒有關係。假設你移民後已經成為了英國

的稅務居民（第2章會再詳述稅務居民的概念），在英國生活時不幸患上了重病，除了醫療費用外，還要應付生病及康復期間未能工作的生活費用，甚至是負責照顧你的家庭成員因而辭去工作等等……

假設所有費用共需300萬港元，有危疾保險和沒有危疾保險在現金流上有甚麼分別呢？

圖表 1.7　有危疾保險 vs. 沒危疾保險

陳先生沒有買危疾保險

應急沽樓，
成交價1,300萬港元，
比市價低200萬港元

假設物業買入價是500萬港元，
資產增值稅＝（1,300萬－500萬）
×28%＝224萬港元
折讓售樓的機會成本＝200萬港元
總成本＝424萬港元

王先生有買危疾保險

不需要沽樓應急

HEALTH

直接獲$300萬港元
的賠償（免稅）

開支＝0港元

急沽折讓＋繳資產增值稅　損失慘重

在香港，如果你擁有足夠的資產，你可能會考慮選擇「沽貨應急」，首先這不是理想的做法，因為即使「沽得切」，也可能要折讓，甚至賤賣。此外，如果你成為了英國稅務居民，這想法更是缺乏成本效益，因為沽出物業獲利是需要繳資產增值稅，物業的稅率高達28%，股票等其他資產則是20%。香港樓價高企，動輒一千幾百萬的增值也是等閒事，稅款可能高逾百萬。

看看圖表1.7的例子，陳先生沒有買危疾保險，假設他需要沽樓應急，首先要向英國稅局繳交約224萬港元（假設英鎊兌港元為1：10）的資產增值稅，再計及平賣資產的折讓，未應急「先使」424萬港元，可謂「傷上加傷」。

危疾保理賠多免税

相反，王先生由於有買危疾保險，而理賠一般是免税的，賠償解決了當時現金流的需要，所以不需要承受應急沽貨而造成的進一步經濟損失，避免了「禍不單行」的境地。

其實陳先生的危疾風險是可以透過保險轉嫁給保險公司的，所以，從香港移民到高税率的國家或地區，保險策劃宜更加周全，兼配合自身的資產組合考慮，更應該充分考慮是否有潛在的保障缺口需要填補，在計算保險需要時，移民家庭不要忘記將税務負擔也包括在保險策劃之中！與此同時，很多家庭因擔心保單衍生的税務支出，都會選擇在移民前「Cut 單」套現，不過香港保單在英國税制上可享有「節税」和「延税」的優勢，在第 4 章會再深入解説。

第二步 認識英國稅制

HMRC

2.1

誰要交英國稅？

英國稅制複雜，不少移民人士以為自己一日未入籍，都毋須向英國稅局交稅。其實要交英國稅與否，關鍵不在於你的英國簽證、永居權或英國國籍，而是看你屬於哪一類英國稅務身份——你是否「英國稅務居民」（UK Tax Residence）、你是否「英國居籍」（UK Domicile）——這兩個問題會衍生出4種稅務身份，不同身份，交甚麼稅及交多少稅亦有不同。

當你是英國稅務居民，你在英國境內外的入息和資產增值均需要交稅；若你被視為英國居籍，除了全球入息和資產增值外，更大的影響是你在環球所有資產都會跌入英國遺產稅稅網，以及不能使用匯款制（Remittance Basis）將資金匯入英國。

圖表2.1　英國稅制概念

	税務居民 （Tax Residence）	英國居籍 （UK Domicile）	
條件	**與英國的關聯** + 居住天數	**意圖**無期限居留當地	
徵收稅項	入息稅 資產增值稅	入息稅 資產增值稅 遺產稅	**環球徵稅**
匯款制	適用	不適用	

税務居民

英國税局對英國税務居民有明確定義，主要著眼於個人與英國的關聯，包括工作、住宿、親友，以及在英國逗留的天數。只要你在一個年度，在英國居住超過183天，你也會成為英國的税務居民。如果BNO Visa簽證持有人希望在5年簽證期後申請永居，當中每年不可離開英國超過180天，即肯定會成為英國税務居民。

英國實行環球徵税，成為英國的税務居民後，你需要就個人在英國本土及海外收入交入息税及資產增值税，包括你在香港的工作收入、收取的股息、物業的租金收入和出售資產的收益等。即使你還沒有在英國本土工作和賺取收入，你也需要申報環球收入。英國的税率不低，個人入息税高達45%、資產增值税高達28%（第2.2章會再説明）。換言之，如果沒有合適的理財規劃，你的收入將最少打一個八折。

圖表2.2　英國稅務居民身份測試

英國稅務居民身份測試	條件
自動成為非英國稅務居民測試（Automatic non UK tax resident test）	一個納稅年度內在英國逗留少於 16 天（若前 3 個納稅年度沒有被認定為英國稅務居民，則為 46 天）； 或在海外全職工作（平均每週至少 35 小時）並在一個納稅年度內停留英國少於 91 天，其中工作時間不超過 30 天
自動成為英國稅務居民測試（Automatic UK tax resident test）	一個納稅年度內在英國逗留超過 183 天； 或在英國擁有、租用或居住住所最少共 91 天，並在一個納稅年度內至少 30 天在其住所度過； 或在英國全職工作（在任意 365 天內，個人超過 75% 的天數停留英國而每天工作超過 3 小時）
若前兩項條件都不符合，**充足關聯關係測試（Sufficient ties test）**	綜合考慮天數和「關聯條件」，即家族關係、住宿關係、工作關係、90 天關係和國家關係

居籍

在英國稅務概念中，居籍可是比稅務居民更大的「財富敵人」。香港因稅制簡單，普遍家庭沒有理解居籍（Domicile）的概念。在英國的普通法下，居籍的概念就是指個人你是否有「意圖」以一個地方為「永久的家」或者關聯最為深厚，故居籍有別於永久居留（PR）及國民等身份，或涉主觀意願及判斷。每一個人均有其居籍，每個人只有一個居籍，沒有人同時有 2 個居籍，也沒有人沒有居籍。如

果你從來沒有在英國發生關聯，自然不會和英國居籍扯上任何關係。不過，如果你曾經在英國生活過、擁有物業、有在英國的家庭成員，都有機會成為英國居籍。

如果被英國稅局認定你以英國作為居籍的話，**除了入息稅和資產增值稅需要環球徵稅外，你的遺產稅網會覆蓋全球**。英國遺產稅率達40%，換言之，若你在香港有數間物業，也持有日本樓，在新加坡也有投資戶口，所有資產在身後想傳給下一代時，都需要繳納高達40%的遺產稅。試想像一下，每傳一代都打一個六折，正如本書開首所說的，不用敗家同樣「富不過三代」。

此外，成為英國居籍後，你也不能再採用匯款制（境外資金不匯入英國使用時，只需申報而毋須納稅），第5.3章將再說明匯款制的操作方法。

4種稅務身份

稅務居民不等於居籍。舉一個例子，陳先生在英國出生，長大後在香港生活了10年，現時在澳洲工作，而父母和子女現時在英國生活。陳先生有可能是：

 英國居籍　　 香港永久居民身份　　 澳洲稅務居民

所以移民英國後，你將可能成為以下4種身份之一，不同身份需要
繳納的稅項亦不一：

圖表2.3　4種稅務身份的應繳稅項

稅務身份	應繳稅項
1.非稅務居民＆非居籍： 	僅對來源於英國及英國物業的收益納稅；
2.稅務居民＆非居籍： 	對全球收益／收入納稅；或透過申請匯款制（Remittance basis）納稅方式，僅對來源於英國境內或源於英國境外並匯入至英國的收益／收入納稅；
3.非稅務居民＆居籍： 	僅對來源於英國及英國物業的收益納稅，但全球資產會被納入遺產稅範圍；
4.稅務居民＆居籍： 	對全球收益／收入／資產納稅。

圖表2.4　4種稅務身份的應繳稅項

稅務身份	入息及資產增值稅		在英國投資房地產			遺產稅（房地產以外資產）	
	英國境內	非英國境內	入息	資產增值稅	遺產稅	英國境內	非英國境內
非英國稅務居民 非英國居籍	✓	✗	✓	✓	✓	✓	✗
英國稅務居民 非英國居籍	✓	✗*	✓	✓	✓	✓	✗
非英國稅務居民 英國居籍	✓	✗	✓	✓	✓	✓	✓
英國稅務居民 英國居籍	✓	✓	✓	✓	✓	✓	✓

* 如已申請匯款制

認清自己的英國稅務身份——你是否「英國稅務居民」、你是否「英國居籍」，才會知道自己要交甚麼稅及交多少稅。總之，有意移民英國，必須及早做理財規劃，你所賺取的一分一毫都有機會和英國稅沾上關係。

2.2

BNO Visa 「被居籍」的風險

現時有部分港人以 BNO Visa 移居英國，由於 BNO Visa 仍然是新政策，未有足夠的案例和數據去說明何時會變成英國的居籍。因此，以 BNO Visa 移英，會否「被居籍」是其中一個風險，移居可能幾年後，可能是15年後，你就會變成英國居籍，屆時需要就全球收益／遺產納英國稅。如果放任這個「風險」存在而不管理，後果可大可小，因此，筆者建議移居前可考慮以信託架構管理好自己的財富。

重提一下：居籍不是國籍，是看有否「以英國為永久的家」的意圖。

在英國，常見的居籍判定有以下5種：

1. **選擇居籍（Domicile of choice）**：有計劃及有意長時間逗留在英國或者永久居住；

2. **視同居籍（Deemed domicile）**：在過去20個納稅年度中有15年為英國的稅務居民，就稅務層面上，會被視為英國居籍；

3. **原生居籍**（Domicile of origin）：根據父母是英國居籍而取得；

4. **倚附居籍**（Domicile of dependency）：小童因為監護人的英國居籍而取得；

5. **申報居籍**（Elected domicile / Death domicile）：自2013年4月6起，與英國居籍結婚的非英國居籍人士，可以選擇基於英國遺產稅目的（可享有夫妻之間的免稅額），在伴侶離世2年內選擇成為英國居籍。

何時成為英國居籍　未見準則

現時坊間對於香港人以 BNO Visa 移居英國，何時成為英國居籍有以下不同的看法：

看法（一）：在成為英國稅務居民15年後，成為視同居籍人士（Deemed domicile）；

看法（二）：「5+1」入籍時，由於定居英國的意圖明確，成為選擇居籍人士（Domicile of choice）；

看法（三）：「5+1」期間，由於定居英國的意圖明確，成為選擇居籍人士（Domicile of choice）。

信託結合保險　對沖「被居籍」風險

移居英國數年後，可能是15年後，你就會變成英國居籍，因此在財務策劃上，也應該作出相應安排，以下以一個模擬例子輔助說明。

陳先生和王先生同樣持有總值3,000萬港元的資產，不過形式不一樣。陳先生打算移民英國後申請「匯款制」，將英國境外的入息和資產增值都保留在海外；王先生則有較良好的規劃，準備好信託架構才出發到英國。

圖表2.5　不同資產架構

陳先生	王先生
• 一個英國物業，總值 500 萬港元 • 一個香港物業，總值 2,000 萬港元 • 一個新加坡的投資戶口，總值 500 萬港元	• 一個英國物業，總值 500 萬港元 • 一個新加坡的投資戶口和一份香港人壽保險（放置於信託架構內），合共總值 2,500 萬港元

假設「5+1」後，兩位都「意外」地成為英國居籍。成為居籍後，首先，陳先生已不能再申請匯款制，任何的海外增值也需要繳納英國資產增值稅；相反，王先生由於用信託結合保險這個架構，繼續有效節稅，毋須就資產增值繳納英國稅。

成為英國居籍後，全球所有資產均被納入遺產稅稅網。假設陳先生和王先生因意外不幸離世，遺產稅應稅資產將有大不同，傳承給下一代的財富將有巨大的分別。陳先生的遺產稅應稅資產包括英國物業、香港物業及及新加坡的投資戶口，總值3,000萬港元，在扣掉免稅額後，遺產稅高達1,000萬港元；至於王先生納入遺產稅應稅的資產只有英國物業，總值500萬港元，遺產稅在扣掉免稅額後等於零，即後人繼承財富時毋須納稅。

你會用1,000萬港元的代價，去測試英國稅局未來的政策變化，以及自己何時正式變成英國居籍嗎？對於一個理性的人來說，這絕對不是良好的理財策略。你會學陳先生還是王先生呢？以上只是簡化的例子，筆者會在第6章會再詳細講解信託結合保險的方案。

2.3

英國個人稅項「三把刀」

認識了稅務身份,知道了甚麼身份的人對應不同的稅項,甚麼資產會被覆蓋其中之後,可以開始進一步了解英國的稅項了。英國的稅務相當繁複,包括入息稅、資產增值稅、遺產稅、印花稅、股息稅和增值稅等等。本書以個人和家庭理財為軸心,所以將集中討論與個人理財最大關係、也是大部分移民人士最關心的三大稅項——入息稅、資產增值稅、遺產稅。

圖表 2.6　英國三大個人稅稅階

英國稅務居民收入	入息稅	資產增值稅		遺產稅
		物業	其他	
150,001 英鎊或以上	45%	28%	20%	
50,271 至 150,000 英鎊	40%	28%	20%	免稅額最高 500,000 英鎊, 稅率劃一 40%
免稅額至 50,271 英鎊	20%	18%	10%	
免稅額	12,570 英鎊	12,300 英鎊		

註:上述為英國 2021/22 稅務年度稅階

入息稅

首先，英國徵收入息稅（Income Tax），如果你是英國的稅務居民，你的海外收入（即英格蘭、蘇格蘭、威爾士和北愛爾蘭以外）是需要報稅的。一般情況下，海外收入包括海外工作獲得的工資和海外物業所收的租金等。值得注意的是，英國入息稅包括的收入並不限於工資，也包括其他所得，例如出租物業所收取的租金，以及某些儲蓄計劃的收益等等。

以2021/22稅務年度為例，英國的個人免稅額只有12,570英鎊，折合約13萬港元，及後的稅率由20%起步，最高至45%，對比香港薪俸稅的最高累進稅率17%，可謂一點都不低。

如果你是高收入人士，稅階處於40%甚至是45%的話，算一算，若一星期工作5天，星期一和星期二其實都是為英國稅局打工。如果你在全球有多個物業收租，每個物業每年大約有4個月的租金收入是屬於英國稅局。

資產增值稅

資產增值稅＝〔賣出價－底價（Base Price）－免稅額（如有）〕× 稅率

資產增值稅（Capital Gain Tax）可能是香港人最關心的稅項之一，皆因很多香港家庭都擁有不少資產、特別是物業，而過去多年，物

業價格水漲船高。當成為英國的稅務居民之後，理論上需要就英國本土和海外的資產升值而繳納英國資產增值稅。

在2021/22稅務年度，免稅額是12,300英鎊，折合約13萬港元，物業的最高稅率是28%，而其他資產（如股票）則是最高20%。在計稅時，會以賣出價減去買入價（Base Price）來計算升幅，哪怕買入該資產是20年前、當時不是英國的稅務居民，總之就是計算買入價。如果你不理會，後果可大可小，一層20年前買入的香港樓，現時升值了多少？10年前買入的股票又升了多少倍呢？假設是很多年前以200萬港元買入的一層樓，移民後賣出賺逾千萬，可能需要繳納數百萬港元的資產增值稅。

你手上作投資用途的物業，何時沽出將決定你的「真回報」，所以移民前必須檢視現有的資產組合並決定去留；至於自住物業，英國稅局給予了一些稅務減免，惟規則相對複雜，特別是注意離港後，該自住物業何時會變成「非自住」等問題，會在第3章再具體解說。

遺產稅及去世前贈與

如果你是英國居籍，遺產稅（Inheritance Tax）將覆蓋全球資產，非英國居籍則僅針對位於英國的所有資產。英國遺產稅基本免稅額為325,000英鎊，自住房產留給後人的免稅額為175,000英鎊，超出部分的稅率為40%，課稅的資產包括現金、股票和物業等。

「聰明」的朋友可能會說:「我在死前就將身家送比個仔,就咩事都無」。是的,如果你能夠預知自己何時離世。另外,最好早7年預知得到!

雖然英國並不徵收贈與稅(Gift Tax),但在個人人士在去世前7年內的贈與,會被應納入英國遺產稅稅網的資產,仍需就該資產的總值繳納遺產稅,稅率會因贈與資產時與去世時的時間差增加而遞減。

圖表2.7 去世前7年贈與的稅款

贈與和去世相距年份	需繳稅款
少於3年	40%
3至4年	32%
4至5年	24%
5至6年	16%
6至7年	8%
7年或以上	0%

使用贈與財產予後人的方式來避免遺產稅,條件是預知自己離世之日,並且提早7年前行動。另外,如果贈與的資產並非現金,

例如股票、基金、投資物業等，則會在贈與時以市場公允價（Fair Market Value）當作「視同銷售」（Deemed Disposal），即使不涉及任何金錢交易，仍須就增值及收益繳付入息稅或資產增值稅。

3 原則應對遞進稅率

英國稅率如此高，收入愈高、資產增值愈多，稅階也愈高，換言之「稅後實際所得」愈低。那我們應該如何應對，難道要「躺平」？乾脆輕鬆一點「搵少啲」？是的，我們的策略就是「搵少啲」，不過是聰明地「搵少啲」！

原則(一)：控制應稅收入水平

- 將個人收人分配給其他家庭成員，用盡所有家庭成員的個人免稅額；

- 改變投資習慣和收入，著重可延後收益的財務工具，從而延稅；

- 配合人生階段來提取投資收益，退休後少了工資收入，免稅額更寬裕。

原則（二）：控制資產增值幅度

- 做好「底價管理」，壓縮資產增值幅度；

- 善用可「免稅滾存」的增值工具，如人壽保險；

- 透過合適架構壓縮應稅資產總值。

原則（三）：控制遺產總值及繼承方式

- 有計劃地提早傳承資產予後人；

- 善用貸款或按揭；

- 以人壽保險為後備「稅源」。

在接下來的章節，將會逐步講解如何檢視現有的資產、運用上述原則，以制訂各種移民理財方案！

2.4

個案：
生前贈與財產的周全準備

正如西方的一句名言「世界上唯有死亡及稅收不可避免」，任何人總有離世的一天，普遍的香港家庭最關心的英國稅項就是遺產稅。「遺產稅」又被笑稱為「暴斃稅」，皆因通過規劃，也可以有效地節省遺產稅的相關負擔。以下個案就是講述一家三口如何以準備生前贈與財產，避開支付遺產稅。

家庭狀況：

Peter（45歲）、太太（43歲）、女兒（12歲）、

主要家庭資產：

- 香港物業（市值約900萬港元，未償還按揭貸款約200萬港元）

- 香港車位（市值約200萬港元）

- 存款及股票等流動資產（價值約200萬港元）

移民計劃及理財問題：

Peter一家三口移民英國，由於英國遺產稅率高，計劃在女兒18歲後，將物業等資產逐漸轉到她的名下，那即使Peter和太太未來在英國生活也好，在香港生活也好，女兒也有充足資金可用。

個案重點：

「生前贈與」及「隔代傳承」都是規避遺產稅的常見方法。透過減少自己手持資產的總值，繼而減少後人在遺產稅上的負擔。不過，提早將財富交給下一代，也有一些「另類風險」，比如子女敗家或不孝，或反過來自己「唔夠錢退休」。當然，這風險因人而異，通常如果符合以下客觀的條件，提早傳承部分財富，也非不可：

- 子女已成年並擁有管理財富的能力

- 子女沒有重大的婚姻風險

- 贈與財產後仍有足夠的資源應付自己的退休開支

不過，「生前贈與」必須注意一點，就是去世前7年內的財產贈與或會按比例追收遺產稅，稅率介乎8%至40%，而如果贈與現金以外的資產，在英國會被視作「視同銷售」（Deemed Disposal），

或需就資產升值部份繳交資產增值稅。事實上，不只是英國，一般高稅國家或地區，只要有遺產稅這個稅項，對於生前贈與總有一定的限制，防止納稅人避交遺產稅。例如台灣規定過世前2年贈與的財產，或併入遺產總額而徵收相關的稅項，故移民家庭必須注意。

建議理財方案：

1）計算潛在的遺產稅「缺口」

若Peter在贈與後的7年內去世，女兒仍然可能需要面對英國遺產稅的風險。假設於6年後，Peter成為了英國居籍人士，此時將物業及車位贈與給女兒，而按揭貸款都已清還貸，而香港樓價不升不

跌，贈與資產總值為1,100萬港元，而英國遺產稅免稅額只有32.5萬鎊（約325萬港元），以此計算潛在稅項「缺口」。

潛在遺產稅「缺口」=（1,100萬 – 325萬）× 40% = 310萬港元

圖表2.8　去世前7年贈與的稅款

贈與和去世相距年份	遺產稅稅率	稅款
少於3年	40%	31萬英鎊（310萬港元）
3至4年	32%	24.8萬英鎊（248萬港元）
4至5年	24%	18.6萬英鎊（186萬港元）
5至6年	16%	12.4萬英鎊（124萬港元）
6至7年	8%	6.2萬英鎊（62萬港元）
7年或以上	0%	0

如果想將這個風險都防範好，可以通過人壽保險準備「稅源」。假設Peter在贈與後3年內去世，若他有準備人壽保險（假設保險已放置在信託架構內），人壽保險為女兒送上現金，即使被追回310萬港元的遺產稅，都可以輕鬆支付；若他沒有人壽保險：女兒需要被追回約310萬港元的遺產稅，如果手上沒有足夠現金，就需要賣出手上的資產「還稅」。

2）買壽險準備「稅源」

人壽保險，大致上可以分以下兩類：

終身壽險：一般需要供款一段時間，是保障終身的人壽保險。當中有保證現金價值及分紅的增值，風險及投資選擇由保險公司決定及承擔。

定期壽險：沒有儲蓄成份，投保人較年輕則保費較便宜，保費會隨著年紀而增加，至某一年齡後，保額將下調，甚至可能不再續保。

原則上，終身壽險較適合用於準備遺產稅的「稅源」，因為可保障至終身。不過，假設Peter已有明確的傳承計劃，其實他只需要「保障」7年的話，定期壽險的保費，有機會便宜不少。舉例説，一名45歲男性，310萬的人壽保額，定期壽險的年保費或可低至約3,600港元。

2.5

稅務年度與移英時機

英國的稅務年度於每年4月6日開始,至翌年的4月5日。如果你在7月1日前登陸英國,在當年的稅務年度就會居住超過183日,並成為稅務居民,你需要就整個稅務年度內,包括在4月6日至6月30日的全球收入及資產增值交英國稅。所以,在計算資產增值稅時,要留意移英的時機也會影響繳稅的多少。

討論這條問題前，不妨先來一個小測試。陳先生將於2022年7月1日以BNO Visa抵達英國，他在以下哪個時間沽出香港的物業（投資用途），需要繳交英國資產增值稅呢？

圖表 2.9　稅務年度與移英時機

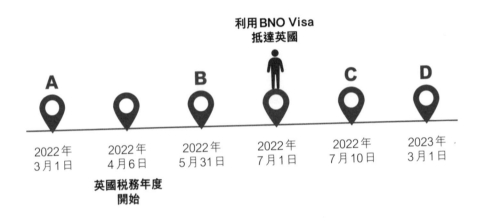

答案是B、C和D均有機會需要繳納英國資產增值稅。

假設陳先生在2022年的7月1日抵達英國，計至2023年的4月5日，他在2022/2023稅務年度就會在英國居住超過183日，根據條件會成為英國稅務居民，因此，他需要申報整個稅務年度的收入，即使他於7月1日才到達英國，他仍需要就5月31日（B）沽出物業的收益繳交資產增值稅。若他在7月10日（C）或翌年3月1日（D）沽出資產，所獲得的增值也同樣需要繳稅。

4月6日前擁「乾淨之身」

希望避免出現英國資產增值稅煩惱的朋友，可以考慮在4月6日前盡沽香港資產，以「乾淨之身」在下一個稅務年度才進入英國，原則上就能避免了資產增值稅的煩惱。筆者建議移民前一定要及早規劃，抱着「宜快不宜慢」的心態處理資產，才能避免繳交高昂的「學費」。

自行報稅

按照英國稅法，英國居民的所有個人所得收入都需要申報個人入息稅，若境外有個人收入，也需要向英國稅局（HMRC）完成年度申報。

英國公司發薪水時，僱員的入息稅和國民保險費已經透過PAYE（Pay As You Earn）系統自動扣除，但房租收入、投資收入、分紅收入、自僱收入、佣金收入等，一般都要透過自我報稅（Self Assessment）系統自行申報，所以，對於有多元收入或資產增值的香港家庭來説，都是需要自我報稅的，你可以在英國政府網址（https://www.gov.uk/check-if-you-need-tax-return），查看自己是否需要報税。

英國自我報稅的截止日期是每年的1月31日，也就是說，你需要在2023年1月31日之前，為自己上一稅務年度（2021年4月6日至2022年4月5日）自行報稅。遲交了有機會會被罰款，甚至有機會影響入籍的申請。

以上是扼要的日子提示，真的打算自行報稅，需要提早研究了。如果在一個稅務年度中沽出資產，請記得聯絡專業人士，以進一步釐清自己的稅務責任，以免被稅局認為逃稅。

2.6

設海外賬戶能避稅？

有很多移民人士心存僥倖，以為可以透過設立海外賬戶「收埋」資產，不向英國稅局申報就毋須交稅。第一，這可能涉嫌「逃稅」，是犯法的。第二，以為英國稅局不會發現，只能說「很傻很天真」，因為英國是共同申報準則（CRS）的參與國家，追稅可以追到天涯海角去。

在稅務的層面上，有兩個經常出現的詞彙——「避稅」（Tax Avoidance）和「逃稅」（Tax Evasion）。謂「差之毫釐，謬以千里」，一字之差，意思便大相徑庭。例如向稅局提供虛假的收入記錄或隱瞞應稅的收入，便屬逃稅，是犯法的，被判逃稅的人或公司必須負上刑事責任；避稅是合法的，比如說，納稅人在報稅時利用法定的免稅額、寬限、政策優惠工具或者以合法的方式減少稅款。

CRS讓海外資產無所遁形

過去由於各國稅制不同，資訊又無法互相流通，潛藏不少避稅空間。共同申報準則（CRS）全名是Common Reporting Standard for Automatic Exchange of Financial Account Information in Tax Matters，是由經濟合作暨發展組織（OECD）在2014年7月發布的跨政府協議，主要目的是建立國際間金融賬戶資訊交換的機制，讓全球金融賬戶透明化，以打擊利用海外賬戶跨國逃稅和不合理避稅的行為。全球至今已有112個國家或地區承諾實施CRS，當中包括香港、英國、澳洲、新加坡和馬來西亞等。

目前，「CRS參與國」的稅務居民，只要持有在稅務居住地以外的境外金融賬戶，該金融機構會遵循CRS標準，將賬戶資料提交給當地主管機關，香港稅務局和英國稅局（HMRC）可以根據CRS交換資訊。

圖表2.10　共同申報準則運作方式

英國至香港

英國銀行

(HM Revenue & Customs) 英國稅局
(HM Revenue and Customs)

香港稅務局

- 個人資料（姓名、地址等）
- 賬戶號碼
- 賬戶結餘
- 投資收益
- 資產銷售收入
- 賬戶繳款

香港至英國

(HM Revenue & Customs) 英國稅局
(HM Revenue and Customs)

香港稅務局

香港銀行

- 個人資料（姓名、地址等）
- 賬戶號碼
- 賬戶結餘
- 投資收益
- 資產銷售收入
- 賬戶繳款

使用合法財務工具節稅

海外資產透明化已是不可抵擋的世界趨勢。即使是持有非金融資產，總有機會買賣或使用銀行賬戶，所以，想隱藏海外收入和資產已經幾乎是不可能的任務。納稅是一國國民的義務與責任，當你決定移民到英國，「稅」就是套餐的一部分，理應納稅，不應害怕。不要再用「偏方」去逃稅了，畢竟逃稅是違法行為，甚至有機會影響移民英國的大計。面對稅務，最正確態度是更了解稅法，並通過財務策劃，以保險和信託等架構，實現合法「節稅」，之後數章將再深入講解，下一篇會總結一些稅務迷思，進一步助大家踏上正途！

2.7

八個常見移英稅務迷思

英國的稅務繁多，當中有很多稅務概念是香港人較為陌生的，包括全球徵稅、居籍、匯款制、雙邊稅務條約等。在本章完結之前，筆者在這篇會為大家重溫常見的移英稅務迷思，作為本章的一個小總結。

迷思（一）：只要不把海外的收入匯到英國，便不用報稅。

這是一個非常錯誤的想法。正如前文所言，只要一年內在英國居住超過183日，便會自動被定義為英國的稅務居民，在英國和海外的全球收入及資產增值收益都需要納稅；即使沒有將資金匯入英國，稅務居民也有責任主動申報，以免墮入非法逃稅的陷阱。

加上前文所說的「全球追稅令」——共同申報準則（CRS），香港和英國也在其中。透過自動交換財務賬戶資料（AEOI）的機制，你在香港的收入及增值收益，英國稅局也知道得一清二楚。

迷思（二）：英國的繁重稅制都是針對「有錢人」，和我並無關係。

先不說消費稅（VAT）及稅率遠比香港高的個人入息稅，單是利息收入、股息收入和投資收益要交稅這點，就已經不只是影響「有錢人」。在香港，上述收入都是免稅的；但在英國，以資產增值稅為例，買賣物業所賺的利潤，視乎納稅人的收入稅階，稅率為18%或28%；其他個人資產如股票等，則須繳交10%或20%的資產增值稅。在2021/22稅務年度，資產增值稅的免稅額只有12,300英鎊，約12.3萬港元，相信很多香港中產人士及家庭收入都超出這水平，其實都在稅網之內。

至於遺產稅，雖然已在港廢除，但在英國卻依然適用，若你成為英國居籍，遺產稅將覆蓋全球資產，相信會影響不少計劃「賣樓移

民」的香港業主。在2021/22稅務年度，英國遺產稅基本免稅額為32.5萬英鎊，自住房產留給後人的免稅額為17.5萬英鎊，即最高免稅額約500萬港元，超出免稅額的部分，便需要向英國政府繳交40%的遺產稅。以香港的樓價計算，賣樓後手上應會多了一千數百萬的資金，因此你的資產金額很大機會超出遺產稅的免稅額。當你的子女繼承財產時，超出免稅額的部分，便需要向英國政府繳交40%的遺產稅，這也是很多香港移民家庭不能忽略的問題。

迷思（三）：只要保持「非居籍」（Non-Domicile）的身份並選擇匯款制（Remittance Basis），海外資產及收入便可獲豁免徵稅。

的確，非英國居籍的人士可申請匯款制，在匯款制的規定下，沒有匯入到英國的海外個人所得和資本收益，毋須繳交英國稅項。然而，申請匯款制的大前提，是要保持「非居籍」的身份——你是否英國居籍，由英國稅局定義。

英國稅局對居籍定義有很多不同的考量，包括該名居民是否持有英國及海外物業、是否以英國作為唯一常住居所、是否有離開英國的意願、是否還有保持足夠的海外聯繫等此外，若該名居民在英國過去20個稅務年度當中，有15個年度為稅務居民，就會自動喪失非居籍的身份，成為「視同居籍」（Deemed Domicile），匯款制將不再適用。一旦成為「視同居籍」，除非離開英國達6年以上（過去20個稅務年度當中，最少6年不是英國稅務居民），否則英國居籍身份不會自動消失。

正如前文提及，現時坊間對以「BNO Visa」移民英國，到底何時會變成英國的居籍，可謂眾說紛紜。因此，移民人士不應認為自己能一直保持「非居籍」的身份、能一直使用選擇匯款制，而是應該主動做好財務策劃，在日後「被居籍」時也能減少稅項開支。

迷思（四）：只要移民英國首15年都使用匯款制，海外資產及收入可以之後再慢慢做規劃。

這是坊間一個常見的謬誤，不了解依賴匯款制的風險及缺點。首先，你能否使用匯款制，是需要申請並經英國稅局同意，如果在一個稅務年度你被稅局認定屬英國居籍身份，即使海外收益不匯入英國，依然會被全球徵稅。

第二，選用匯款制的年度，你會失去當年的個人入息及資本增值稅的免稅額，而從使用匯款制的第8年開始（過去9個稅務年度當中，最少7年是英國稅務居民），每年要支付匯款制費用3萬英鎊，第13年開始（過去14個稅務年度當中，最少12年是英國稅務居民），匯款制費用更增加至每年6萬英鎊。如果海外收入不多，盲目選用匯款制可能會得不償失。關於匯款制的應用，第5章會再說明。

迷思（五）：利用「非居籍」身份及匯款制累積海外收益及資產，之後再短暫離開英國，以非英國稅務居民處理完再回英國，便可合法省稅。

英國有相對嚴謹的反避稅機制，這種做法並不可行。2013年開

始，英國有針對這類短暫非居民（temporary non-residence）規定，凡在過去7個稅務年度當中，最少4年是英國稅務居民，在離開英國以後5年內重新回到英國，在離開這段時間的海外收入及資本增值，都會有機會在回到英國當年的稅務年度計稅。即使是非居籍的英國稅務居民，如果在這段時間將海外收益匯入英國，也會在匯入當年的稅務年度計稅。

事實上，匯款在英國的含義非常廣泛，不僅包括將個人相關收益轉移到英國，其在英國的家庭成員若使用海外資金，例如以海外信用卡支付英國消費或支出，也可能被視為個人匯款至英國。在匯款制的理財規劃及使用上，建議要先諮詢專業的稅務顧問及財務策劃師。

迷思（六）：英國和香港有簽定避免雙重徵稅的雙邊稅務條約（Double Taxation Agreement, DTA），當中有涵蓋物業。我在香港的物業相關所得，由於已交香港稅，因此沒有英國稅務需要處理。

這個想法有兩個重大的誤會。第一，大家要分清楚「報稅」和「繳稅」是兩個責任，即使毋須交稅，作為英國的稅務居民，你在海外所得的收益仍然有向英國稅局「報稅」的責任。

第二，在英國的和香港簽定的DTA內，的確有針對物業的部分，租金入息只要在香港交了物業稅，便可獲豁免英國的入息稅。不過，協議只是一個參考，而且往往有不少灰色地帶，每個地方的稅局有對稅務居民徵稅的最終決定權。以租金入息為例，是全額獲豁免還是部分作抵扣，市場也有很多不同看法。加上香港沒有資產增值稅，交了額外印花稅能否避免雙重課稅也是一個疑問。

最後，由於香港不設遺產稅，令物業在遺產承繼上不能受惠於DTA，當你成為英國居籍後，子女繼承財產時，超出免稅額的部分，便需要向英國政府繳交40%的遺產稅。

迷思（七）：根據英國和香港簽定的雙邊稅務條約，香港的強積金、保險及年金屬於退休金（Pension），收入可獲豁免英國徵稅。

這是筆者聽過一個偏差比較大的誤解。的確，就退休金（Pension）而言，不論是長俸還是一筆過的強積金權益，根據兩地簽定的

DTA，都不需要被英國徵稅。然而，協議中的 Article 17列明，Pension 的定義需要和工作（employment）相關，如果只是單純個人為自己購買的保險及年金，是不符合 Pension 的資格。

事實上，英國稅務局有明文交代境外保險的稅務處理原則和指引，簡單而言，成為稅務居民後，增值的部分在提取或解約時，都是需要按當時稅階繳交相應的入息稅，第4章會再説明。

迷思（八）：移民後賣出有升幅的資產時，資產增值稅只須計算移民後的升幅。

當成為英國的稅務居民後，需要就英國和海外的資產升幅，在出售時繳納資產增值稅。特別要注意的是，英國稅局並不會對移民人士的資產，在移民時自動進行底價提升（Step Up Basis），所以在計算資本增值稅時，是會以資產的購入價計算升幅，即使購入時並非英國的稅務居民。

很多時候，特別是物業，由於在移民前可能已經累計不少升幅，所以筆者建議移民前一定要做底價管理（Re-basing），例如將已升值的資產先賣出再買回，又或是將資產轉移到有限公司或信託持有。這樣在將來計及資產本增值稅時，資產就已經有了「新」的購入成本。不過，透過買賣香港物業來「提升底價」，要注意相關的印花稅，第3章會再講解相關賣樓賣股慳資產增值稅的方式。

第三步

移民前賣股賣樓？
避繳資產增值稅

ASSET

3.1

賣出大幅升值股票

上一章節提到，對於所有有意移民的家庭來説，必須想方法增加自己的「税後所得」，要應對英國最高28%的資產增值税，其中一招就是移民前檢視現有投資組合，為資產重新估值、做「底價管理」（Base Price）。「底價」指的是「買入價」，當買入價被調高，將資產的增值幅度減低，自然可以少交一點税。香港人最愛甚麼投資？相信非物業和股票莫屬，本章會從股票開始説起，有大幅增值的股票需要特別注意，可以考慮優先沽出。

資產增值税＝〔（賣出價－底價）－免税額（如有）〕×税率

假設你於2010年買入股票A，當時的買入價是20港元，買入的股數是50,000股，現時已升至每股100港元，即累計升值400萬港元。如果你移民英國前不處理這批已大幅升值的股票，直至移民成為英國税務居民後才沽出，潛在的資產增值税接近8萬英鎊、即約80萬港元：

資產增值税＝（400,000－12,300）×20％＝77,540英鎊

註：假設英鎊兑港元的匯率是 1：10；2021/22 税務年度的資產增值税的免税額為 12,300 英鎊。

沽後再買　須留意「30日買賣規則」

如果是想長期持有股票，又該如何做呢？可以沽出股票後再買入，從而令底價提高，自然有效節省潛在的資產增值稅。不過沽出後多少天再買入呢？理論上當然愈快愈好，否則價格在重新買入前就大幅上漲，豈不是好心痛？

不過，英國在1998年推行「30日買賣規則」（30-days rule）（又稱「Bed & Breakfast」規則），凡於30日內重新買回相同股票，會以此配對較早前賣出的股票，防止先舊後新的避稅做法。所以，比較保守的做法是賣出後30天再買入。

投資虧損可抵日後免稅額

在英國，在計算資產增值稅時，如果綜合投資錄得淨虧損，淨虧損的部分可以留至往後年份，以抵扣將來的收益，理論上可以無限期累積。但要注意的是，當年的虧損一定要先用來抵扣同一年度的收益，而且不能利用免稅額先將收益減低；相反，利用累積虧損抵扣當年收益時，則可以善用免稅額而少用虧損額度。

用一個簡單例子說明：第一年，假設買賣股票A賺了2萬英鎊，但買賣股票B虧損了3.5萬英鎊，相減之下，淨虧損為1.5萬英鎊，免稅額在這情況下是白白「浪費」了，只有這金額可以累積用作抵

消未來的資本收益；假設第二年，買賣股票C賺了2萬英鎊，當年並沒有已實現的虧損，在計算稅款時，先用2萬英鎊減去當年的免稅額1.23萬英鎊，剩下來的7,700英鎊收益，則可以用去年留下來的1.5萬英鎊虧損額抵消，免繳稅款之餘，還有7,300英鎊的累計虧損「額度」可用作將來省稅之用。

圖表3.1 投資虧損抵免稅額例子

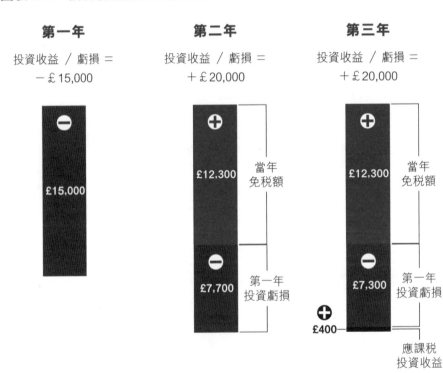

第一年

投資收益／虧損＝
－£15,000

£15,000

應課稅收益＝£0

第二年

投資收益／虧損＝
＋£20,000

£12,300　當年免稅額

£7,700　第一年投資虧損

應課稅收益＝£0

第三年

投資收益／虧損＝
＋£20,000

£12,300　當年免稅額

£7,300　第一年投資虧損

£400

應課稅投資收益

應課稅收益＝£400

股息稅

買賣股票產生的資本收益和股息收入，在英國分屬兩個徵稅架構，稅率亦有明顯分別。雖然兩者稅率不一致，但收入會合併以計算稅階，在標準稅階下，資產增值稅率為10%，略高於股息稅的7.5%（以2021/22年度稅率計算）；但一旦在高稅階，資產增值稅率為20%，遠低於股息稅的32.5%，那是否代表投資增長股比較合適呢？這其實要視乎個人或家庭的資產金額，也要平衡整個理財組合的風險和現金流需求。

從稅收角度看，股息收入可以用個人入息免稅額抵扣應稅收益，資本收益則可用相應免稅額作減免，兩類股票配置及處理得宜，每年最少（假設沒有其他收入）有2.487萬英鎊收入免稅，夫妻二人加起來即有近5萬英鎊免稅額，足夠很多中產家庭維持生活。至於高資產淨值家庭，股票組合則可配置更多在增值部分，畢竟資產增值稅最高稅率僅為20%，比股息稅最高的38.1%低接近五成。

圖表 3.2　英國股息稅稅階

英國稅務居民收入	股息稅稅率
150,001 英鎊或以上	38.1%
50,271 至 150,000 英鎊	32.5%
免稅額至 50,270 英鎊	7.5%

稅務年度完結前重設底價

由於免稅額不可以累積至往後的稅務年度,所以過去很多英國人會在稅務年度完結前,賣出部分升值的股票,用免稅額抵消升幅,再在短時間買回來,以這方式長遠持有股票並重設底價(Base value),從而減低將來賣出時的應稅資本收益。

例如,手持1萬股股票D,每股成本為1英鎊,以每股2.23英鎊賣出後,資本收益為1.23萬英鎊,正好由免稅額抵消,毋須交稅。假使20天後,投資者在股價跌至2英鎊時重新買回1萬股,這時便觸發了30日買賣規則,需將賣出的股票配對為這批以2英鎊買入的股票,資本收益變為2,300英鎊,而手上的1萬股變回成本價1英鎊的104章持股(Section 104 Holdings);相反,如果重新買回的時間是30日後,這1萬股便會維持以2英鎊的成本價加入104章持股內,成功將底價「重設」,提升稅務管理效益。

3.2

移民前重新估值港樓可行嗎？

除了股票外，港人最關心的另一項資產莫過於物業。坊間對物業的「底價管理」普遍存有一個迷思，一般認為只要在移民前找測量師為物業作最新估值，就能重訂底價。筆者聽過一個說法，假設物業在1980年以20萬港元買入，到2022年升值到2,000萬港元，此刻移民到英國，不賣出物業，最後物業在2025年以2,200萬港元售出。若移民前為物業估值，將「底價」鎖定於2022年的2,000萬港元），則業主在英國居住的3年間，該物業只升值了200萬港元，那麼英國稅局只會就（移民後的資產升幅）該200萬港元徵收資產增值稅，是真的嗎？

撇除自住物業等情況，如果上述物業是作投資用途，答案是錯的。

買入價非以移民入境時作基準

根據英國稅局的規定，移民前即使為物業估值，未來在沽出時，那怕買入該資產是40年前的事，英國稅局仍會以購入價來計算資產增值稅。

回到上述的例子，假設英鎊兌港元的匯率是1：10，底價就是1980年的20萬港元（2萬英鎊），賣出價就是2,200萬港元（220萬英鎊），潛在要付給英國稅局的資產增值稅可高達600萬港元（60萬英鎊）：

資產增值稅＝〔（賣出價－購入價）－免稅額（如有）〕× 稅率

〔（2,200,000－20,000）－12,300〕×28％ ＝ 600,000 英鎊

註：如個人入息稅率為40%或以上，最高資產增值稅率為28%。

由此可見，移民前為物業做最新估值報告，並不是有效做好「底價管理」。筆者建議讀者可以下述兩個買賣形式，將底價提高。

1. 轉公司名／將物業轉入信託

假設你的物業是以個人名義持有，可以將物業轉公司名或轉移至信託。在現時香港制度下，如果你成立一家公司，再以公司名義購買物業，便需支付樓價15％的從價印花稅及樓價15％的買家印花稅（BSD），單是付稅，已是樓價的30％。所以，將以個人名義持有的物業轉入信託或公司，先不討論之後如何處理，單是這一買一賣的動作，已經要付出30％的印花稅，不具備明顯的成本效益。信託相關的架構，將於第6章進一步講解。

香港印花稅開支：2,200萬 × 30％ ＝ 660萬港元

2. 近親轉讓

在直系親屬之間轉讓業權，又稱為「甩名」，轉讓物業後，就能「恢復」沒有持有香港住宅物業的身份。近親轉讓也有一定限制，直系親屬的定義包括父母、兄弟姊妹、配偶及子女。其次，如果原先持有的物業尚未供滿，將業權轉讓予親人時，便要償還貸款予銀行。操作上與一般交易無異，「買方」向銀行申請按揭，交易時透過律師將按揭餘額償還予「賣方」的原有按揭銀行。此中便涉及買方收入是否足夠通過壓測、申請按揭的問題。

將物業在親人之間正式地完成一次買賣，當然也會涉及印花稅，不過好處是有機會獲得一個新的「成本價」。

由於直系親屬轉名，買方只需以「第二標準稅率」支付印花稅。再看看上述例子，將市值2,200萬港元的物業轉讓，印花稅率是3%，即付稅66萬港元。

香港印花稅開支：2,200萬×3% = 66萬港元

這種內部轉讓，形式上是以買賣操作，實際並不涉及資金轉移，只是純粹業權轉讓，故不涉及地產代理，通常由律師辦理手續。

結論是，物業都是可以透過買賣就做到底價管理的效果，不過成本效益較差。當然，也有不少朋友表示，決心持有，永遠不沽出，那就沒有資產增值稅的問題吧？

是的，假設你永遠持有而不沽出的話，的確不用就資產增值繳稅，不過仍需要考慮不少問題，包括租務、維修與及未來物業的繼承等等，同樣是移民前後大不同！

保留港樓出租
須計算舊樓維修費

事實上，的確有不少朋友希望保留香港物業收租，以租金收入支持
英國的生活開支，不過基於英國收取入息稅，同樣是收租，居於
香港和居於英國，真正的收入真的很不一樣。香港的物業稅劃一為
15%，但在英國，租金收入會與工作、儲蓄收入等合併計算應稅
收入，高收入人士將面對最高45%的入息稅稅階，因此每年淨租
金回報可以相差高達30%。但除此之外，你手上的物業也會陪伴
你一起變老。人口老化是香港的趨勢，首先會令人聯想到醫療開支
的負擔，不過你有考慮過為收租物業準備「醫藥費」嗎？

香港「物業老化」的問題到底有多嚴重呢？以下是一些數據的整理和對比。

圖表3.3　香港「老年樓宇」持續增加

年份	2015 年	2030 年	2046 年
「老年」樓宇 （樓齡 > 50 年）	9,000 （22.5%）	17,000 （35.1%）	**28,000** **(48.7%)**
「中年」樓宇 （樓齡 30 至 49 年）	12,000 （30%）	16,000 （33%）	**12,000** **(20.9%)**
「青年」樓宇 （樓齡 < 30 年）	19,000 （47.5%）	15,500 （31.9%）	**17,500** **(30.4%)**
總樓宇數	40,000	48,500	**57,500**

資料來源：市建網上學院

「老年樓宇」兩大財務問題

根據數據顯示，到了 2046 年，香港約有 34% 的人口屬於65歲或以上的老年人，以及將有近 50% 的物業是樓齡超過50年的「老年樓宇」，因此引伸了一系列理財問題。

首先，當樓齡超過50年，就會影響物業產生被動收入的能力。由於物業狀態變差，租值下降，賣出亦會變得困難。此外，「老年樓

宇」也較難申請安老按揭（申請資格列明50年樓齡以上的物業將按個別情況考慮）。

第二，「老年樓宇」的維修支出及潛在費用退休開支按年上升，面對收購、「強拍」或法律糾紛的機會亦會增加。維修費可謂避無可避，加上人不在香港，乖乖「課金」更為妥當，否則會有法律上的風險，以下是香港現時兩個主流維修項目的相關罰則：

強制驗樓計劃：

- 樓齡達30年或以上的私人樓宇的業主，需委任一名註冊檢驗人員為樓宇的公用部分、外牆及伸出物或招牌進行檢查及維修，其後每10年一次。

- 業主或法團若不遵從強制驗樓的法定通知，最高可處罰款50,000港元及監禁1年。

強制驗窗計劃：

- 樓齡達10年或以上的私人樓宇的業主，須委任一名合資格人士就樓宇的所有窗戶進行訂明檢驗及維修，其後每5年一次。

- 業主或法團若不遵從強制驗窗的法定通知，可被定額罰款1,500港元。

- 屢犯者可被檢控，最高可處罰款25,000港元及監禁3個月。

舊樓維修費預算

那如何更客觀地為物業的維修預算呢？筆者有另一個網站推介給大家，就是市建局的樓宇修復平台的工程費用諮詢中心，內裡有兩項客觀的數據，可供業主們參考：

參考單價：透過研究、分析及整合過往樓宇復修工程的合約標價資料，從而就公用地方的主要復修工程項目（例如混凝土修葺、外牆油漆、更換排水渠管等）得出參考單價，並輔以指引給業主參考及應用；

樓宇復修工程費用參考：此部分收集了過往曾參加市區重建局轄下不同樓宇復修計劃的工程總金額，以供大眾參考及比較相近樓宇狀況的工程費用。

所以，業主們想了解舊樓維修的財政預算，真的不用「靠估」。筆者結合客戶的經驗以及數據，針對「老年樓宇」而言，總結出以下的平均預算。

圖表3.4　維修費用參考

項目	平均費用	密度	每十年開支
強制驗樓（大維修）	100,000 港元	強制，10 年一次	100,000 港元
強制驗窗	10,000 港元	強制，5 年一次	20,000 港元
消防安全改善	100,000 港元	不定期，一次	100,000 港元
漏水維修	10,000 港元	不定期，大機會不停發生	100,000 港元
冧石屎維修	10,000 港元	不定期發生	50,000 港元
		10 年總支出	**370,000 港元**

3.4

安排「遙距」收租及賣樓

經過上述兩節後，如果你了解清楚各項保留香港物業須注意的事項後，仍然決定保留港樓的話，筆者建議業主準備遙距收租及遙距賣樓的安排。

遙距收租　委託合適物業管理者

人在外地，一般可以透過委託不同渠道管理物業，無論親友、地產代理或物業管理公司均可。物業管理除了收租、追收遲交租金外，還包括物業維護、租約管理、處理租務糾紛、代繳各種公共費用、報稅等，如你需要管理的物業規模較多，甚至可要求安排人手定期巡視單位。

物業管理的一般收費為一定比例的租金收入，例如一個單位的每月租金15,000港元，如物業管理費為5%，每月就是750港元。另外其他收費事項，如有新租客簽約，物管有機會收取租約管理費用，

例如1,000港元；而物業內部或電器有自然損壞，維修更換則實報實銷等等。

有經驗的物業管理者會與業主保持溝通，維持物業良好的出租率，能及早識別拖欠租金的情況，減少遇上「租霸」的情況，亦能處理租客之間的磨擦。另一方面，上節也提及舊樓需要定期維修，物業管理者也有足夠的資源及知識去建議業主如何處理維修，減少引申額外的安全及法律風險。

一些經驗較淺的管理者，不懂篩選租客，亦不懂應付拖租，間接導致租霸出現或者令空置率上升；而遇到政府要求的維修亦無所適從，有機會令身在海外的業主負上刑責。一些不良的物業管理，更會不停為業主更換租客，及不斷用高價維修單位各部分，最後每月業主的租金都轉變成管理及維修費，令業主得不償失，所以，要選擇好的物業管理者十分重要。

作為業主，在選擇管理者時，要了解合約內服務範圍、各項收費、物業管理者的任期，能否撤換及相關方法等等，而即使選擇了管理者後亦不是一勞永逸，要經常與管理者保持聯絡，了解物業最新狀態，做好業主應有的監管角色。

遙距賣樓　準備授權書

除了「遙距收租」的準備外，雖說很多朋友計劃「長期持有」甚至

「永遠唔沽」，不過意外總是意料之外，也有機會遇上需要賣樓的情況，所以，筆者建議業主們也需考慮「遙距賣樓」的安排。

若身處外地，而又希望賣出自己的物業，可以簽署授權書，授權某人代你處理賣樓安排。無論買方賣方，均可以設立授權書，一般而言，授權書是否妥當，可以從三方面考慮。

第一是授權書的有效性。如在香港設立授權書，有律師見證下便可完成，但如果在香港以外簽立的話，一般需要在當地公證人見證下簽署。在中國境內簽署的話，更要在公證後由中國外交部確認。

第二是被授權人及被授予權限是否清晰。在授權書中，被授權人的權限是自由制定的，由十分寬鬆至詳細列明每個細節均可，但必須清晰。

第三是授權書的有效期長度或是否仍生效。一般授權書的有效時期為12個月，否則對方有權要求提供額外證明該授權仍然有效。

授權書能夠解決業主身在外地時，但需要賣樓的情況，但是被授權人有沒有足夠知識為你爭取最大利益，是一個問題。另一方面，授權書的內容是否有足夠彈性，如授權書內指出在某價格範圍內可賣出物業，但遇上市況急轉直下，超越授權書所列明的價格下限，便有機會需要重新設立授權。這些都是設立授權書需要注意的事項。

移英9個月內賣自住樓 有稅務豁免

理論上，如果有意賣出香港物業，基於方便或潛在資產增值稅（CGT）的考量，筆者建議移民前賣出。不過，由於現時香港實行的「樓市辣招」，購入住宅物業後，於3年內賣出，需要付10%至20%的額外印花稅（SSD），計算方法如下：

6個月或以內：20%
超過6個月但在12個月或以內：15%
超過12個月但在36個月或以內：10%

有一些朋友希望等到物業買入3年後才賣出，以節省額外印花稅，不過因準備移民，擔心變成了英國稅務居民後才賣出物業，將要繳納資產增值稅。其實，只要是自住物業，可以不用太擔心，因為英國有針對作為主要居所（Main Residence）的自住物業稅務豁免（Private Residence Relief）。

賣出自住物業，即使有資產增值，亦不會要就此繳納資產增值稅。那我現在移民英國了，在英國有另一個「自住」的地方，那留在香港的物業豈不再是自住物業？

慳 SSD 及 CGT 的沽樓時機

是的，不過如果在自住物業不再用於自住用途內後的 9 個月內放售，仍然可以避免資產增值稅。

假設陳先生在 2019 年 3 月在香港買入自住物業，到 2022 年 2 月，他決定移居英國。由於額外印花稅期在 2022 年 3 月後才屆滿，而英國資產增值稅將在 2022 年 12 月開始徵收。如果陳先生想同時慳兩筆稅項，他可以在 2022 年 4 月至 11 月期間出售香港物業。

圖表 3.5　移英後賣自住樓的時機

	2019/3	2022/2	2022/3	2022/4	2022/5	2022/11	2022/12
香港物業	買入自住	移民後，物業變成非自住					
香港額外印花稅	需要繳交			不適用			
英國資產增值稅	不適用	自住物業稅務豁免					需要繳交

2022 年 4 月至 11 月賣出物業
✖ 香港額外印花稅
✖ 英國資產增值稅

豁免期後放售　按自住年期比例課稅

如果自住物業在你移居英國後改為出租用途，若干年後才賣出，那又如何計算呢？這就要根據你在此物業自住年期的比例去納稅了。再以上述例子說明，若自住物業在2022年2月移民後轉為出租用途，到2026年3月才賣出，資產增值稅計算方法如下：

自住年期：2年11個月（2019年3月至2022年2月）
額外免稅年期：9個月（2022年2月至2022年11月）
總免稅年期（自住＋額外免稅年期）：3年8個月
總擁有物業年期：5年
免稅比率（總免稅年期／總擁有物業年期）＝76%

換言之，資產增值部分中的76%可免稅，剩下的24%才需要計及資產增值稅。

最後是筆者的溫馨提示：建議離開香港前，整理及保留自住物業的水電煤單據，即使遇到英國稅局的查詢，都有證據充分顯示過去此物業為自住居所。

3.6

強積金要交英國稅嗎？

移民家庭通常在最後一步才想起強積金，但強積金制度已推行了超過20年，加上在職人士月月供款，很多朋友的賬戶總值已不是小數。現時移民人士可以「永久離港」為由申請提早提取強積金，不過門檻並不低，如果未能提早提取，金額繼續在賬戶滾存的話，要交英國稅嗎？

提到強積金，就必再提起第2章說過的英國與香港曾簽訂的「雙邊稅務條約」，當中有提到退休金（Pension），既然Pension的定義需要和工作（employment）相關，那強積金肯定和工作有關，收入可豁免英國徵稅吧？

僅強制性供款可豁免英國稅

不一定，因為強積金供款也有以下幾個類別之分：

* 強制性供款

* 自願性供款

* 可扣稅自願性供款

當中只有強制性供款符合「Pension」定義。

由於自願性供款和可扣稅自願性供款屬非法定要求，如果你於移民前未能提早領取這兩筆款項，潛在稅務情況如下：

1. **按這些基金單位的「平均購入價」為資產底價；**

2. **在賣出基金的當個稅務年度，增值部份合併其他收入按稅階計算入息稅（強積金在英國稅法上屬於非匯報基金（Non-Reporting Funds），並非以資產增值稅計算）；**

3. 入息稅是按個別基金獨立計算，而虧損不能用於抵消同樣收益（即不能扣減應繳入息稅），只能用於抵消當個稅務年度的其他資產增值（只能用於扣減應繳的資產增值稅）。

假設 Peter 移民英國前保留了自己的強積金賬戶，分別是強制性供款和自願性供款，而 Peter 的入息稅稅階達 40%：

圖表 3.6　強制性供款 vs. 自願性供款

	強制性供款	自願性供款
滾存期間	沒有入息稅	如有基金轉換，按所引伸的增值徵收高達 40% 的入息稅
提取	沒有入息稅	沽出基金時，按增值部分徵收高達 40% 的入息稅

溫馨提示，如果以「永久離港」這個理由申請提早提取強積金，門檻並不低。申請人必須先向受託人提交申索表格、相關文件和證據，以及法定聲明，聲明自己在特定日期永久離開香港往其他地方居住及無意返回香港工作或再定居。申請人有責任提供令受託人信納其已獲准在香港以外地方居住的文件及資料作為佐證以供核實。如果未能在移民前領取強積金，筆者建議整合強積金戶口，並在移民前將已升值的基金賣出再買入，自行調整底價。

3.7

個案：
開離岸戶口不能避稅

有很多部署移民的朋友都會打算開海外戶口，預先入錢做生活費、調動資產等用途。不過，當你仔細了解過英國的稅務原則及檢視現有資產組合後，你應該明白到，由於英國實行環球徵稅，設立離岸戶口是不足以避交英國稅，所以在以下的移民個案中，設立離岸投資戶口並不是必須，反而使用合適的財務架構才是必要的。

家庭狀況：

Steven（41歲）、太太（41歲）、兒子（10歲）、兒子（8歲）

主要家庭資產：

- 香港物業（市值800萬港元，按揭貸款約500萬港元）
- 銀行存款約50萬港元
- 股票戶口總值約110萬港元
- 公積金戶口（夫妻二人辭職後，預計可以取回約200萬港元）

移民計劃及理財問題：

香港的物業是自住用途的，不過由於未過「3年辣招期」，打算一年後才沽出，而沽出物業後的資金將用於在英國置業。由於擔心「5+1」期間適應英國生活的問題，決定保留150萬港元的現金，確保有足夠的資金度過6年的生活。

餘下約200萬港元（取自公積金），該如何投資？Steven過去多年一直有投資股票，每年都會作小量調動，平均回報約8%至9%，也算滿意。移民後也想維持這個投資方式，不過由於擔心要繳交資產增值稅，該如何部署？開立一個離岸戶口會否有幫助？

個案重點：

成為英國的稅務居民後，環球的收入都需要報稅，所以不論你的投資戶口在香港還是在新加坡等地，同樣有機會需要繳納英國的資產增值稅。

離岸戶口的功能：

- 將資金轉移到香港以外的地方，以分散資產集中的風險；

- 方便資金的調撥，對於海外置業和留學等需求。

離岸戶口的限制：

- 不能將資產與個人隔離，從而節省英國遺產稅等稅項；

- 如離岸戶口用於處理高稅的國家或地區，需要特別注意相關的法規。

換言之，要做好移民理財，只開立離岸的投資戶口是不足夠的，真正需要的是將投資戶口轉移至合適的架構，比如離岸開放平台或信託等，才能夠達致合法節稅的目標。有意移民的朋友千萬不要混淆離岸戶口和信託這兩個概念。

建議理財方案：

現時，坊間有金融機構可以提供將投資戶口轉移至離岸開放平台或信託架構的服務。當然會涉及費用，有部分會以資產總值（AUM）來收費，比如額外收取 1.5% 的年度費用，不過，當你將英國稅務開支和信託費用比較，就會發現這筆信託費用是值得付出的。

假設 Steven 投資組合的初始總值是 200 萬港元，每年的投資回報是 9%，每年他需要為此 9% 的增值繳納 20% 的資產增值稅；而離岸開放平台或信託架構的年度費用是 1.5%，圖表 3.7 顯示在不同情況下，財富累積的效果有所不同。

圖表 3.7　財富累積效果比較

年度	不移民	年底結餘	
		移民後；沒有使用離岸開放平台或信託架構，需交 20% 英國資產增值稅	移民後；有安排離岸開放平台或信託架構，年度費用 1.5%
1	$2,180,000	$2,144,000	$2,147,300.00
10	$4,734,727	$4,008,462.72	$4,070,589.24
20	$10,283,322	$8,033,886.7	$8,284,848.37
30	$26,535,356	$16,101,767.7	$16,862,107.31

驟眼看，有沒有使用離岸開放平台或信託架構，在累積財富效果上的差別好像不大，不過如果考慮到遺產稅以及稅階管理的效果：

圖表3.8　離岸開放平台或信託好處

	潛在遺產稅總額	稅階管理功能
沒有使用離岸開放平台或信託架構	高達 600 萬港元	有限
有安排離岸開放平台或信託架構	零	靈活；可透過分配收益給受益人而省稅

所以，有意移民的家庭在檢視過現有的資產組合後，宜進一步根據自己的投資能力及風險承受水平，制訂合適的資產持有架構。第6章會再詳述離岸開放平台或信託架構的做法。

第四步

帶保險移民
慳增值稅有法

INSURANCE

4.1

從 3R 原則決定香港保單去留

坊間對移民前的香港保單去留，一般會著眼於保單條款。筆者最常聽到的説法是，終身壽險和危疾保險可以考慮保留，但醫療保險和意外保險則應退保。這其實是斷章取義的做法，因為保險策劃最重要是配合個人的需要，不要隨便「cut單」！本篇會介紹「保險3R規劃法」，從 Replacement（取代）、Re-apply（重新投保）及 Return（回報）共 3 個角度考慮，更有方向地決定香港保單去留。

Replacement：外地保險能取代香港保險？

* 保費會更高嗎？

* 理賠和行政效率如何？

* 保障範圍是否足夠？

你是否已決定在英國落地生根，不再回來？筆者建議考慮現有保單的條款，看看移民後，保障範圍是否仍然足夠，並將兩地保險的保障內容互相比較。例如，會否有一些疾病，香港的危疾或醫療保險的承保範圍會較大？這些都是 Replacement 的關鍵。

圖表4.1　4類保險與移民有關的條款

保險類型	移民在條款上的考慮
終身壽險	• 一般來說，終身壽險是環球通用，移民後也不影響其有效性
危疾保險	• 通常是環球通用，移民後仍然生效
醫療保險	• 部分醫保的海外保障只限緊急治療 • 部分醫保限制居住地變更後的理賠、又或需要增加保費，甚至拒絕續保
意外保險	• 一般設有居留地條款，永久離港或會影響保障

Re-apply：重新投保有潛在問題？

• 需要重新做健康核保嗎？

• 需要重新做財務核保嗎？

• 能否投保到足夠的金額？

你必須知道，個人的體質不會隨著移民後就變成外國人的體質。你的個人身體狀況以及香港是否有固定的家庭醫生及治療需要呢？在醫療保險上，特別是年紀較大或曾經有病歷記錄的人士，你必須留意重新投保是否能如你所想，保費會否增加？保障內容會否「縮水」？甚至被拒保？

Return：保單能幫助財富增值？

- 移民目的地的稅務政策

- 與其他投資工具或資產比較「稅後回報」

- 保費與保額之間的比率

在移民後的財富增值中，香港保險可享有稅務和遺產傳承上的「風險管理」功能，在檢視保單去留時，應更著重保單的「稅後回報」。據筆者經驗，從財務策劃的角度看，很多移民家庭的現有保險並不會過多，更不一定需要「cut 單」，反而是「不夠」！下一篇會從人壽保險的角度和大家分析。

4.2

境外保單可免稅滾存紅利

香港的保單對於英國來説是「境外保險」（Foreign Life Insurance），參考 *Guidance HS321 Gains on foreign Life insurance policies（2021）*，境外保險所產生的收益，在英國會被徵收最高45%的入息稅（Income Tax），不過英國只會在「境外保險」提取使用或資產分配時才會徵收稅項，故此保單內一直滾存紅利毋須交稅，可以做到所謂的「免稅滾存」（Gross Roll-up）。

大家可以這樣理解的，由於保單持有人將保費投入到保險公司後，背後的資產並不是由保單持有人直接持有，而海外保險公司普遍不是英國稅務居民，故滾存生息時可免稅，當持有人提取權益時才徵收入息稅。

圖表 4.2　保險運作方式

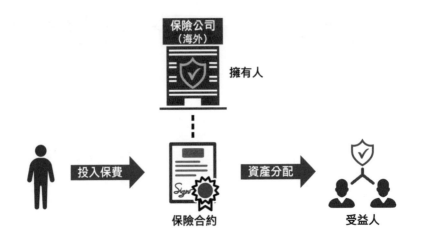

圖表 4.3　免稅滾存概念圖

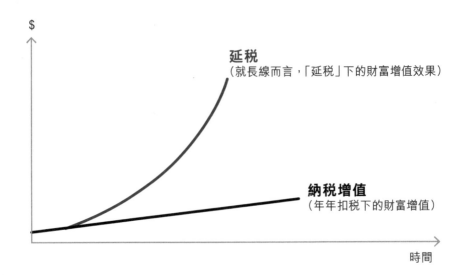

保單內的紅利滾存並不會被徵收資產增值稅，又是俗稱的「免稅滾存」（Gross Roll-up），而以下是英國稅局的官方說明。

"In law, it is the insurer not the policyholder that owns the property that determines the benefits under a life policy. Where the policyholder has the ability to select the property that determines the policy benefits, the policyholder retains nearly all the advantages of direct personal ownership of that property. But because the property is held in the 'envelope' of a life insurance policy, the policyholder does not have to pay income tax on dividend and interest income arising from the investments nor capital gains tax on disposals when the investments underlying the policy are altered. Tax on any gains on the policy can also be deferred until the policy comes to an end."

簡單來說，由於保險公司持有人壽保單背後的資產，所以保單持有人毋須就紅利繳納所得稅。所得的收益也可在退保和保單完結時才繳稅。

整體退保需徵稅

境外保單會在以下的情況下將會被英國稅局徵收入息稅：

- 保單解約（整體退保及部份退保）
- 保單到期

- 受保人死亡後，保單完結
- 保單轉售或轉讓（全部及部份）給他人，並收取金錢
- 轉保

整體退保計算收益（Gain）的方式：

退保金額 / 保單完結前的退保價值－已繳保費

例如已繳 100 萬港元保費，退保金額為 150 萬港元，收益（Gain）為 50 萬港元，需在退保的稅務年度繳交入息稅。

現有保單扣減境外時間後徵稅

至於境外、現有已投保多年的保單，在英國的稅務制度當中，可應用一個「境外收益分攤抵免」的原則（Time apportioned reductions）。

收益（Gain）的計算方式：

應課稅收益－在境外時間的相應收益部分

假設你現時投保一份保單，6 年後移居到英國，移居 4 年後退保，假設總收益（Gain）為 50 萬港元，境外時間的相應收益部分為：6/10×50 萬港元＝30 萬港元。

故實際只有 20 萬港元（50 萬－30 萬）需要繳納入息稅。

4.3

保單每年取 5% 本金可免稅

前文提到，境外保單在退保及部份退保、到期、受保人死亡等情況下會被徵收入息稅。不過，英國稅局有設立「5% rule」，每年從保單中提取 5% 的本金是可以暫時免稅的。作為投保人，可以因應自己當年的收入或生活情況，決定提取的本金金額，那就有機會在累進稅階下實現部分的延稅、甚至節稅。

免稅津貼可延後

「5% rule」指在每個保單年度內，如果境外保單持有人提取不超過一次過繳交的保費的 5%，將不會被視為在該年度產生應課稅收益（Chargeable Event Gains）。如果在某一個保單年度內沒有從保單提取任何款項，則 5% 的年度津貼（Annual Allowance）可以全數撥入下一個保單年度計算，這意味在第二個保單年度，最多可以提取已繳交保費的 10%，而不會即時產生任何應課稅收益。

**部份退保計算收益（Gain）的方式＝
退保或提取的金額－已繳保險每年5%的累積額度**

例子：

已繳100萬港元保費，每個保單週年完結後，可以提取最多5萬港元，即使匯入英國使用，也毋須即時繳交入息稅，不提取時可累積額度作將來用途。

如果累積2年沒有提取，便有10%的額度，即可提取10萬港元，毋須即時繳交入息稅。

如果累積3年沒有提取，便有15%的額度，即可提取15萬港元，毋須即時繳交入息稅，如此類推。

如果當年退保超出5%的累積額度部份，便是Excess Event，超出額度的部份會視作收益（Gain）需在該保單年度完結的當個稅務年度繳交入息稅；

續上述的例子，第3年退保35萬港元，當中20萬了超出15萬港元的累積額度，這20萬港元便要交入息稅。換言之，只要從保單來提取的資金不超過「本金的年度5%」，沒有即時的稅務責任，可以將稅務責任延後，稱之為「延稅」收益。

圖表4.4 5% rule 例子

假設你投入 100 萬英鎊到一張終身人壽保單：

年度	部分退保	保單終結 （整體退保或理賠）	入息稅 & 備註
1	不適用	不適用	
2	不適用	不適用	
3	不適用	不適用	
4	不適用	不適用	
5	不適用	不適用	
6	50,000 英鎊	不適用	符合 5% Rule，不用繳納入息稅（延稅）
7	50,000 英鎊	不適用	符合 5% Rule，不用繳納入息稅（延稅）
8	50,000 英鎊	不適用	符合 5% Rule，不用繳納入息稅（延稅）
9	50,000 英鎊	不適用	符合 5% Rule，不用繳納入息稅（延稅）
10		1,000,000 英鎊	保單終結拿回 100 萬英鎊，再加上第 6 至第 9 年度合共提取的 20 萬英鎊，等於 120 萬，以 120 萬計算入息稅：（120 萬－100 萬）× 入息稅稅率

不過，在整體退保時有不少的可能性，有機會令你其實不用交稅或者「無限期延稅」：

1. 你已經不再是英國的稅務居民

2. 你的保單有轉換保單持有人和受益人的功能，將保單延續下去，不觸發「保單終結」

3. 你的保單有「拆單功能」，將保單分配給不同的家庭成員，「用盡」全家的個人免稅額

然而，有一點非常重要必須說清楚，坊間不少人誤以為每年5%的提款額是免稅額，就連部分產品的宣傳也容易令人誤會。事實上，這個5%的限額只是延後繳稅而非免稅。所有從保單提取的金額都會在保單完結時一併計算稅款。

「延稅」的核心優勢在於你可以控制何時提取收益以及提取多少，再配合你的身份規劃，未來如果有機會離開英國，延稅就等同不用交稅，所以「延稅」配合自己的人生規劃，用途是相當大的！

4.4

資金注保險　慳稅更多

心水清的朋友看過上述數節後可能會問，英國的入息稅最高可達 45%，而資產增值稅最高是20%，保險徵收所得稅，豈不是比徵收資產增值稅更「傷」？非也，由於保險具有延稅功能，善用的話，更有節稅的效果。以下會帶出2個模擬例子，為大家解説在稅務上，為何保險比投資股票及保留港樓收租更可取。

投資股票 vs. 儲蓄保險

例子一：假設陳先生和王先生已近退休，擁有相同的資產，他們預計每年需要額外50萬港元支持移民後的生活，同樣保留了現金應付首5年的生活費（250萬港元），剩下的1,000萬港元作投資。分別是陳先生選擇了投資於股票市場，王先生選擇以儲蓄保險作為增值工具。假設從長線角度而言，年均投資回報同樣是5%。

圖表4.5 投資股票 vs. 儲蓄保險

陳先生	王先生
• 投資於股票市場	• 以儲蓄保險作為增值工具
• 第 6 年，陳先生決定在英國買樓，供兒子未來居住用，不過現金已經用完，所以要沽出股票，再匯入資金到英國	• 第 6 年，王先生決定在英國買樓，供兒子未來居住用，現金用完，但可以在保單中提取資金
• 匯入資金到英國，需繳資產增值稅（可達 20%）	• 由於 5% rule 的關係，每年可以提取 5% 的保單本金（延稅），首 5 年均沒有提取本金，故累積了 25% 的額度，可以從保單中提取 250 萬港元而「暫時免稅」

假設到了第6年，兩人決定在英國置業，不過由於陳先生的生活費已經用完，需要沽出股票，再將買樓的資金匯入到英國，匯入資金時，會引伸至最高20%的資產增值稅。

至於王先生的生活費同樣已經用完，他選擇從儲蓄保險中提取資金。由於「5% rule」的關係，每年可以提取5%的保單本金（延稅），首5年均沒有提取本金，故累積了25%的額度，可以從保單中提取250萬港元而「暫時免稅」。

港樓收租 vs. 儲蓄保險

例子二：假設陳先生移民前決定保留物業收租，租金收入需要納入

入息税網，王先生移民前決定賣樓並將資金配置於儲蓄保險內，增值可暫免入息稅。

假設兩人移民後均在英國找到新工作，每年可獲工資收入60萬港元，入息稅稅階已達40%（Higher rate）。雖然工資已足夠生活，但由於陳先生的租客不會考慮業主的稅階和財務環境，會按時交租，因此陳先生的租金收入也要付40%稅給英國稅局，退休前的財富增值效率因交稅而大減。

至於王先生在儲蓄保險的財富增值可暫免入息稅，財富增值效率不會減少。即使在退休後提取儲蓄保單內的資金，由於已沒有工資收入，能更善用個人免稅額，即使所提取的收益需要被徵收入息稅，實際所得亦有所提高。

圖表4.5　港樓收租 vs. 儲蓄保險

陳先生	王先生
• 移民前，決定保留物業繼續收租，租金收入需交入息稅	• 移民前，決定賣樓並將資金配置於儲蓄保險內，增值可暫免入息稅
• 由於租金是按時交租，不會考慮業主的稅階，即使工資足夠生活仍然月月收租，而租金收入就會被打6折	• 退休後提取儲蓄保單內的資金，即使要交入息稅，也不用從高稅率算起，能更善用個人免稅額
• 退休前的儲蓄效率因稅關係而大減	

相信用了那麼多模擬個案輔助大家了解香港保單在英國如何徵稅，善用的話，更有節稅的功能，可以為大家決定是否保留香港的保單，添加多一個角度，以下是一個小總結：

圖表4.6　財富工具的稅務比較

	保單	物業	股票	基金
持有	分紅及利息免稅滾存	租金收入需繳付入息稅高達45%	股息收入需繳付股息稅高達38.1%	派息收入需繳付入息稅高達45%
底價	成為稅務居民前（移民前）的時間可獲豁免	按購入價計算	按購入價計算	按購入價計算
買賣	改變投資組合內容時（如適用）不用即時繳稅	增值部分即時繳付資產增值稅高達28%	增值部分即時繳付資產增值稅高達20%	增值部分需即時繳付入息稅高達45%

4.5

以壽險傳承財富

前文已提及，保險在移民財務策劃上將有新角色。保險本質上是風險管理的工具，目的在於將可避免的風險成本或損失（包括死亡、意外、危疾和醫療等引伸的經濟損失）減至最低。由於移民後的風險又會再增加，包括稅務和遺產繼承的風險。在此，我們將人壽保險作為例子，説明保險的「新功能」，以及如何計算自己的「新需求」。

計算所需保額

人壽保險是理財策劃中必備的工具，所保障的是受保人的「勞力資本」，其實這個概念自古已有之。有説法指聘禮起源自西周，在古代，結婚相當於某一家庭減少了一名勞動力，因此作為「補償」，男方需要拿出聘禮。當然，現代人男女平等，聘禮亦只是心意，不過對沖「勞力資本」損失的這個概念，是準備人壽保險的原意之一。

假設你是家中主要的勞動力和收入來源，如果失去了你的未來收入將會對家庭財政構成重大影響的話，那必須要有充足的人壽，用於對沖早逝風險。計算所需的人壽保障額，可以參考以下幾個元素：

首先，考慮受養人現時及未來的財務需要，比如接受你供養的子女及父母等，包括現時的開支及未來潛在的開支；

第二，考慮是否有甚麼目標於未來是必須實現的，比如子女的大學教育經費；

第三，考慮未償還的債務以其他需要支付的項目。

所需增加的人壽保障額度＝（預期的受養人開支＋未來的特定財務目標＋未償還的債務）－現有的人壽保險及資產總值

根據上述的簡單公式，大家都可以簡單地計算到自己對於人壽保險的需求，不過就第三點而言，對於一般香港朋友來説，最常考慮到的是物業的按揭貸款；對於準備移民的你來説，最常忘記的是「稅債」。以下會舉一個簡單的例子，輔助説明你的真實保險需求。

別為下一代留下「稅債」

陳先生和王先生均計劃移民英國的朋友，以下是他們的理財組合簡介。

陳先生的資產組合	王先生的資產組合
• 物業組合：2,000 萬港元 • 股票：1,000 萬港元 • **沒有終身人壽保險**	• 物業組合：2,000 萬港元 • 股票：100 萬港元 • **終身人壽保險配合信託架構：保額 1,500 萬港元、已繳保費 500 萬港元**

假設陳先生和王先生已成為英國居籍人士，兩位的下一代都需要就全球資產面對40%的遺產稅，陳先生擁有3,000萬港元資產（物業

組合及股票），而王先生的資產組合總值2,100萬港元，比陳先生少，不過由於王先生在年輕時準備了一份人壽保險，由於人壽保險具備「槓桿效果」，加上會隨時間滾存增值，現時已經滾存到1,500萬港元，當時一筆過繳付的保費約500萬港元。

英國遺產稅的計算：（應稅資產－免稅額[*]）×40%

陳先生後人繼承資產總值：

- 後人需要繳納遺產稅：（3,000萬－1,000萬）×40% ＝ 800萬港元

- 傳承財富總值：（3,000萬－800萬）＝ 2,200萬港元

王先生後人繼承資產總值

- 後人需要繳納遺產稅港元：（2,100萬－1,000萬）×40% ＝ 440萬港元

- 傳承財富總值：（2,100萬－440萬＋保險賠償港元1,500萬）＝ 3,160萬港元

[*]註：免稅額包括另一半過身贈與的額度及自住物業贈與下一代的免稅額度，假設匯率為1英鎊兌10港元。

所以，即使陳先生擁有的物業組合和股票總值比王先生多，但在繼承財富時，王先生後人繼承的真正財富卻比較多，而且：

- 陳先生後人需要繳納800萬港元的遺產稅，如果沒有足夠現金，需要「賤賣」資產或借錢去支付

- 王先生後人不需要擔心沒有現金支付440萬港元的遺產稅，由於人壽保險的理賠能跳過財產繼承程序，所以現金較輕鬆到手

所以，移民前不只是考慮「cut邊張單」，應該回歸到理財策劃的層面，重新審視自己的需求。當你決定好，要保留你的保單後，可再參考以下的三個「錦囊」，移民英國或其他地方，同樣適用，確保萬無一失！

Keep單留意事項

（一）無論是人壽或醫療保險，在落實移民後，特別是常住地、公民身份或稅務居民身份有改變時，一定要及早通知保險公司。保險公司在核保及釐定保費時，是以「居港」的香港人身份為考慮，一旦長居海外，即使是以死傷、殘疾為依據的保障，範圍涵蓋全球、不受地域限制，保險公司也很有可能會調整保障範圍、限制理賠金額或百分比，甚至拒絕繼續承保。

（二）**更改保單受益人。**人壽保險的理賠，即使在很多重稅國家，都有相關稅務優惠政策。但如果保單沒在填寫受益人，死亡理賠會成為保單持有人的遺產，便有機會需要繳交遺產稅。但有些國家例如英國，身故賠償及保單現金價值都有機會被徵稅，在這種情況下，可以考慮將保單注入信託，將資產「隔離」，合法減低稅務責任。

（三）**避免保障真空期。**很多朋友在移民前，只預留不足半年時間整理保險，認為只須取消現有保單和移民後重新購買就完成處理。先別論斷單與否，以醫療保險為例，移民後除了可能相較年輕時多了一些病歷外，同樣需時在當地建立個人財務、信貸紀錄，導致投保過程未必如在香港一樣快速順利。

其實，視乎移民目的地，香港有不少高端醫療保險也能在常住地更改後繼續提供保障，部分計劃更能維持現有保障水平不變。在轉換或新增這些保單前，同樣宜快不宜慢，應預留充足時間比較和申請，才能在移民後避免保障真空期的出現。

4.6

個案：大家庭以保險「拆單」用盡免稅額

市場上部分人壽保險具有「拆單」功能，即是可以將一份人壽保險在未來分拆成多份，新的保單持有人既可以是原來的持有人，也可以通過轉讓方式指定為其他人，並按需要適時將財富分配到家庭成員再進行退保或部分退保，這非常適合移民大家庭管理財富。

以下是一個一家三代計劃移英的個案，透過將保單分拆給仍有免稅額的家庭成員，就可以減低入息稅負擔。

家庭狀況：

Ben（55歲）、太太（45歲）、爸爸（75歲）、媽媽（74歲）、兒子（18歲）、女兒（16歲）

主要家庭資產：

* Ben本人持有的香港物業（市值約800萬港元）
* Ben爸爸持有的香港物業（市值約900萬港元）
* 存款及債券基金等流動資產（總值約200萬港元）

移民計劃及理財問題：

Ben打算舉家移民英國，他有意沽出自己持有的香港物業，但保留爸爸持有的香港物業，因為萬一父母不適應英國生活，回流後仍有地方可住。

現在正考慮沽出香港物業後，並拿出一半資金（約400萬港元）作財富增值之用。餘額則希望保留現金，供未來在英國置業和作應急錢之用。

Ben本身已準備退休，父母亦年老，因為財富上只想穩定增值，不能承受波動的風險。由於知道英國稅率高，現時最大問題希望是在需要用錢時，能減省稅務負擔。

個案重點：

投資增值不外乎兩個元素：
- 願意耐心等待一段時間
- 願意承擔一定程度的風險

由於Ben希望在低波動風險下將財富增值，選用有儲蓄成分的終身人壽保險是低風險選擇之一。在合適架構下，人壽保險兼具延稅及節稅的優勢，其中一個的技巧是「用盡」家庭中各個成員的個人

免稅額。由於兒子和女兒在數年後都會投身社會工作,需要用上自己的個人免稅額,不過Ben、太太、爸爸和媽媽全部都是退休人士,這4名家庭成員相信擁有「閒置」的個人免稅額,筆者建議循這個思路去規劃合適的財務方案。

建議理財方案:

1. 保留現金資產

Ben沽出物業後,可將一半資金備用,連同原有的200萬港元流動資產,即合共有600萬港元可供未來生活用。如果將600萬港元全數保留成現金,的確涉及機會成本,及肯定會被通脹侵蝕,不過求安心也無可厚非,亦相信應該足夠一家人使用比較長的時間。

2. 以拆單保險將財富增值

餘下400萬元資金可作增值用，筆者建議可以考慮投入到人壽保險，一筆過支付400萬港元的保費，在保單10年後可滾存至500萬港元，之後可以作分段提取。Ben可以使用具有「拆單」功能的人壽保險，可以在未來將保險分拆成多份保單，萬一需要急用錢時，亦可以考慮將保單分拆給免稅額寬裕的家庭成員。

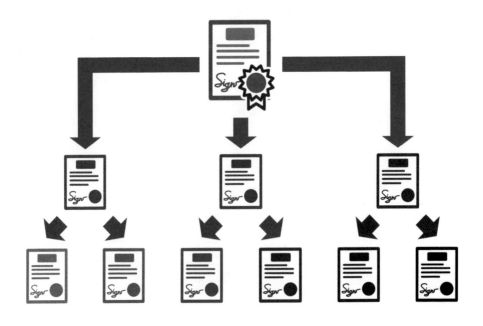

Ben可以用於增值的資金約400萬港元，期滿退保價值為500萬港元，他可以分拆出一張佔總值40萬港元的保單，並退保。

收益（Gain）：40萬（退保金額）－32萬（此分拆保單的相應保費）
＝8萬港元

入息稅開支：以2020／21稅務年度計算，入息稅免稅額為
12,570英鎊，即約12萬港元，故是次分拆保單後，退保所取回的
資金，屬於「零稅」。

3. 為香港物業準備「稅源」

至於Ben打算保留爸爸持有的香港物業，需要注意的是，如果爸
爸適應了英國生活並有定居的意向，其身份便很大可能會變成居籍
（Domicile），其持有的香港物業也會跌入英國遺產稅的稅網。即
使通過遺囑安排，用盡爸爸及媽媽的免稅額，由於香港物業已不屬
自住物業，因此只有65萬英鎊可以免稅，以上的價值部份須面對
40%的遺產稅，故此建議準備額外人壽保險，為下一代準備稅源
更為妥當。

第五步

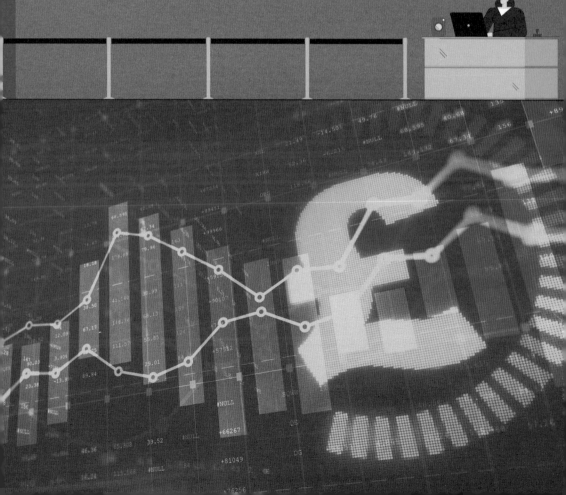

盡用「匯款制」及
其他免稅額

REMITTANCE

5.1

生活費存於獨立銀行賬戶

錢帶入英國，不管你的「稅務身份」是甚麼，幾乎一分一毫都可能落入英國稅網，反而留在英國以外的地方，仍然有節稅的空間，所以就要決定帶多少錢入境，以及保留多少在英國境外。因此，移民英國的理財策劃，大原則是盡量少匯入英國的資金，並善用境外銀行戶口、保險和信託等工具。設立「乾淨資本」，將移民後所需的生活費存放於獨立銀行賬戶，在成為英國的稅務居民前，這些資金都毋須在英國納稅。

以 Numbeo 估算生活開支

由於要減少匯入英國的資金，因此其中一個重點是管理家庭收入與支出，有需要為新生活制訂新的預算。生活費當然是豐儉由人，不過仍然可以參考一些客觀的數據。筆者推薦數據網站 Numbeo（https://www.numbeo.com/cost-of-living/），在該網站可以輕鬆

比較世界各地主要城市的居住成本，為方便參考，圖表5.1簡單概括了英國數個主要城市的模擬生活預算。

圖表5.1　英國生活費用預算

曼徹斯特
每月生活費
2,340.33英鎊
每月租金
1,100英鎊

伯明翰
每月生活費
2,271.90英鎊
每月租金
1,100英鎊

倫敦
每月生活費
2,974.02英鎊
每月租金
2,500英鎊

格拉斯哥
每月生活費
2,159.06英鎊
每月租金
900英鎊

醫療IHS 每年624英鎊
公立中小學免費

註：每月生活費以一家四口計算；每月租金為市中心兩房租金

估算移民後收入

移民後收入減少幾乎是大概率會發生的情況，因為除非你已建立穩健生意或有「錢搵錢」的被動收入，否則在英國靠「人搵錢」將會面對很多限制。在香港聘請外傭可謂中產家庭的必然選擇，不過，移民到英國後，聘請外傭就不再容易，所以，例如移民家庭，夫妻之

間的其中一個，會因為照顧家庭而需要離開勞動市場，因此也需要合適估算家庭將來的收入。

同樣地，網上有不少資訊網站如Glassdoor（https://www.glassdoor.com）及Mirror（https://www.mirror.co.uk/money/highest-lowest-paid-jobs-2021-25306353）可以協助你了解自己的工種在英國是否吃香，以及大概的收入水平。

圖表5.2　英國部分職業收入中位數

行業	職位	收入中位數（英鎊）
醫學	牙醫（Dentist）	￡55,500
資訊科技	企業架構師（Enterprise Architect）	￡71,392
	雲端技術工程師（Cloud Engineer）	￡55,000
	手機開發工程師（Mobile Engineer）	￡50,602
	網絡保安工程師（Information Security Engineer）	￡50,276
	DevOps 工程師（Devops Engineer）	￡50,184
	Java 開發人員（Java Developer）	￡50,184
	前端工程師（Front End Engineer）	￡40,741
	資料工程師（Data Engineer）	￡45,000
	數據科學家（Data Scientist）	￡45,542
	全端工程師（Full Stack Engineer）	￡45,000

商界	風險管理經理（Risk Manager）	£68,577
	專案經理（Program Manager）	£62,747
	產品經理（Product Manager）	£60,221
	稅務經理（Tax Manager）	£58,000
	商務經理（Commercial Manager）	£56,206
	人力資源商務伙伴（HR Business Partner）	£50,602
	人力資源業務經理（HR Manager）	£50,184
	銷售經理（Sales Manager）	£50,000
	業務拓展經理（Business Development Manager）	£45,542
	顧客體驗經理（Customer Success Manager）	£41,000
	市場經理（Marketing Manager）	£42,154
	營運經理（Operations Manager）	£45,542
	網站營運經理（Site Manager）	£45,542
服務業	火車司機（Train and tram operators）	£58,256
	美容師（Beauticians）	£15,543
	美髮師（Hairdressers）	£15,829
	侍應（Waiters）	£16,363
	酒吧（Bar staff）	£16,563
	廚房助理（Kitchen assistants）	£16,678
	教育助理（Educational support assistants）	£17,931
	洗衣工（Laundry workers）	£18,074

資料來源：Glassdoor、Mirror

設立「乾淨資本」

以BNO Visa獲取護照為目的移居到英國，首要維持到在英國生活6年。移民後收入減少，甚至有人會擔心需要長時間才可以適應當地的工作環境，舉一個極端例子，假設6年完全沒有收入，而一家四口的每月預期支出是3,000英鎊，換言之需要準備約21.6萬英鎊作為生活費。準備用於支持生活費的現金，建議預備現金，並以「乾淨資本」形式隔離出來。

在成為英國稅務居民前，所取得的非英國收入（如工資收入、租金收入、利息、股息等），被稱為「乾淨資本」，這包括在進入英國時，所有私人名下的資金賬戶，包括入境前的資本、收入和財產所得。在成為英國的稅務居民前，這些資金都毋須在英國納稅；只要這類資金與你成為英國居民後的收入隔離開來，保留在獨立的境外銀行戶口（不能混合收入和投資收益），在你成為英國稅務居民後，將這些「乾淨資本」匯入英國也不會產生任何稅項。以上述例子，你可以考慮將21.6萬英鎊，放在獨立賬戶並匯入英國支持生活費，是沒有稅務煩惱的。

圖表 5.3 乾淨資本運作模式

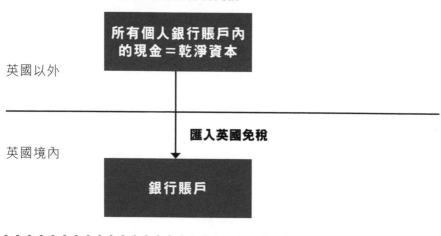

成為英國稅務居民前

英國以外 ┊ 所有個人銀行賬戶內的現金＝乾淨資本

匯入英國免稅

英國境內 ┊ 銀行賬戶

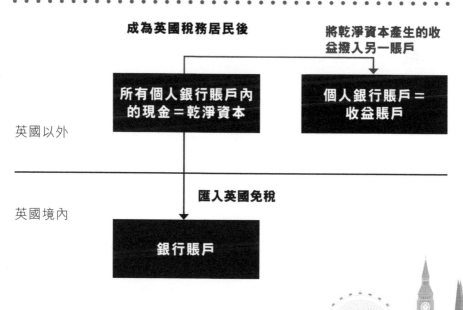

成為英國稅務居民後

將乾淨資本產生的收益撥入另一賬戶

英國以外 ┊ 所有個人銀行賬戶內的現金＝乾淨資本 ｜ 個人銀行賬戶＝收益賬戶

匯入英國免稅

英國境內 ┊ 銀行賬戶

與乾淨資本對比的是「混合資本」，混合資金賬戶是包含各種來源的資金賬戶（如乾淨資本、境外收入和所得、英國收入和所得等）。個人一旦從該混合資金賬戶匯錢入英國，就會按照匯入的金額，先按照最高稅率的入息稅徵收。 因此，持有混合資金的個人需要慎重籌劃現有的境外銀行賬戶，並在移民前盡可能分隔出乾淨資本。

不少移民家庭因不認識如何更好應對稅務問題，選擇沽出資產保留現金，希望作為「乾淨資本」，未來慢慢「搣」。不過筆者希望有意移民的家庭不要為了短期的安全感，而忽略長線未能實現財務安全的隱憂，因為通脹是永遠的財富敵人，「乾淨資本」等同手持現金，不能增值也不能抵抗通脹，是其缺點之一。

5.2

非居籍可用「匯款制」

一般的情況下，英國的稅務居民是按「發生制」（arising basis）
納稅。不過英國稅務居民（非英國居籍）可以申請「匯款制」
（remittance basis），將在英國以外獲得的收入和所得，保留至匯
入英國使用時才需繳納相應的入息稅或資產增值稅（仍需申報），
從而實現了稅務遞延。換言之，你需要就在英國的收益，以及匯入
英國的非英國收益納稅；如果沒有匯入英國，你不需要就英國本土
外的非英國收益去納稅。

圖表 5.3　4種稅務身份的應繳稅項

稅務身份	入息及資產增值稅		在英國投資房地產			遺產稅（房地產以外資產）	
	英國境內	非英國境內	入息	資產增值稅	遺產稅	英國境內	非英國境內
非英國稅務居民 非英國居籍	✓	✗	✓	✓	✓	✓	✗
英國稅務居民 非英國居籍	✓	✗*	✓	✓	✓	✓	✗
非英國稅務居民 英國居籍	✓	✗	✓	✓	✓	✓	✓
英國稅務居民 英國居籍	✓	✓	✓	✓	✓	✓	✓

＊如適用匯款制

換一個角度再説明，一旦你成為英國稅務居民（但非英國居籍），你將要按照下面兩種方式的其中之一去繳稅：

發生制：一旦你在全球範圍內產生收入，即要在英國繳稅。

匯款制：即在英國取得的收入和所得需要在英國繳稅，在英國以外的收入和所得在匯入或者在英國使用時繳稅，（否則海外的收入和所得不需要繳納英國稅收）

損失個人免稅額

匯款制並不是預設的納稅原則，納稅人需要在每年提交個人稅務評估時主動選擇，選擇匯款制也意味著放棄了當年的個人入息稅及資產增值稅的年度免稅額（personal allowance），這一額度在 2021/22 稅務年度分別時是 12,570 及 12,300 英鎊。 所以，是否有「著數」，則看個人的情況而定。

涉及申請費用

以英國現時的視同居籍（Deemed Domicile）規則來看，連續15年成為英國的稅務居民就必定成為英國居籍。所以，移居英國15年後，幾乎肯定不能再用匯款制。同時，申請匯款制是涉及匯款制費用（Remittance Basis Charge），可參考下表：

圖表5.5　匯入制費用

	每年申請匯入制所需費用
第 1 至第 7 年	無
第 8 至第 12 年	30,000 英鎊
第 13 至第 15 年	60,000 英鎊
第 16 年及以後	已成為英國「視同居籍」，不再適用匯款制

註：適用於海外收入 2,000 英鎊以上

事實上，匯款在英國的含義非常廣泛，不僅包括將個人相關收益轉移到英國，其在英國的家庭成員若使用海外資金，例如以香港信用卡支付英國消費或支出，也可能被視為個人匯款至英國，如應用匯款制，筆者不建議這樣做。至於有些讀者會關心 IB HK 轉至 IB UK，也是涉及主動將資金轉入英國，如不涉及賣出（即未發生增值），不會有稅。

重要的事再說多一次，「匯款制」只適用於非居國籍人士（Resident But Not Domiciled）。換言之，如果你被定義為英國居籍，將不能再申請使用匯款制，所有海外的入息和資產增值便需要繳納英國稅！**居籍與否或涉英國稅局的主觀判斷，所以「匯款制」有機會失效！**

至於其他資金，應盡量投入保險或信託架構，關於保險的節稅優勢，已在第4章詳細說明；對於沒辦法轉入信託或以保險保管的資產，例如香港物業的租金收入，可考慮統一用一個銀行戶口先接收，方便管理和報稅。

5.3

為留港成員做好預算

除了為自己和子女做好預算後，亦不要忘記留港父母的生活預算。事實上，由於退休策劃概念的不足，現時香港很多退休人士都沒有足夠儲備。子女若計劃移民，也應該為留港父母進行退休策劃，當中不只「金錢」，還要兼顧生活上的安排——「平安三寶」。

香港財務策劃師學會在 2021 年 4 月 13 日發佈了一份名為「港人真實退休開支調查」的報告。學會委託專業研究機構訪問了超過 300 名已退休人士，發現受訪者的平均每月基本開支為 11,500 港元，同時發現了以下的幾個現象：退休長者普遍依靠子女的供養、部分退休長者的理財決策會諮詢子女、普遍退休長者沒有足夠的被動收入或不懂善用資產轉化成收入、也有一定比例的退休長者對財政狀況不完全樂觀。

退休預算：年支出×25

假設一名退休人士，平均每月用約1萬港元，夫妻二人退休就需要2萬港元，如果一對退休夫婦每年的支出是24萬港元，乘以25，等於600萬港元。代表如果擁有600萬港元，投資於股票或債券等金融工具，在不計及通脹的情況下，只要每年可以產生4%或以上的回報，基本上就可以永續地支持退休生活，這是需要多少退休儲備的一個基本參考，而事實上，是否真的需要600萬港元呢，還需要綜合考慮以下各個因素：

- 個人的投資經驗及風險承水平

- 子女或其他家庭成員供養

- 自住物業的「安老按揭」

- 已供滿保單的「保單按揭」

- 政府的公共福利政策

除了金錢外，香港人的平均壽命愈來愈高，活到90歲甚至更長壽已經愈來愈普遍，長壽是福氣，不過也會衍生不少健康問題，包括現時很多長者都關注的腦退化症。根據統計數字，現時每三個85歲或以上的長者，便有一人患上腦退化症，情況可謂相當普遍。所

以，養老問題不只是金錢，如果沒有合適的安排，即使月月有錢匯入戶口，也可能因病而不能有效運用或處理銀行事宜，生活肯定大受影響。

因此有意移民的年輕朋友，不要忽略長者的需要，必須做好整體規劃，討論好各種安排，例如包括委託可靠的親戚朋友在緊急情況提供支援，甚至是及早安排持久授權書，以便在長者未能管理自己生活時，受權人可以協助，比如處理財產。以下是「平安三寶」的綜合資料，供大家參考：

遺囑

「遺囑」的功能在於生前訂明財產分配。只要精神健全及神志清醒的成年人，可按法律訂遺囑，或交律師辦理。若當事人患病在牀，便需醫生證明他簽立遺囑時神志清醒。訂遺囑時，要有兩位見證人（受益人及其配偶除外），並委任一位或以上執行人。

持久授權書

在長者神智不清時，授權人可以按持久授權書意願處理財產。當事人需要在神志清醒的狀態下簽立「持久授權書」，要有一位醫生及

一位律師見證。補充一點，若當事人神智不清卻沒有「授權書」，親友需要向監護委員會申請監護令。但申請監護令一般需時數月至半年，而且在動用資產上有一些限制。

預設醫療指示

預設醫療指示的功能在於讓當事人預先說明接觸治療的預期。比如說，自己患末期病或已成植物人時，同意不用維生治療維持生命。當事人可使用醫管局「預設醫療指示」表格，簽署時須有兩名見證人，一人是醫生，但見證人不可是遺囑或保險單受益人。「預設醫療指示」在香港尚未立法，即未必對醫護人員有約束力。簽立「預設醫療指示」，至少可讓親友對當事人接受治療的意願有所依據。

總之，有意移民的朋友，在離開香港前，記得和家中長輩商量後，為他們的退休生活也做好預算！

以「投連險」創造被動收入

助父母退休，其中一個課題是將資產轉化成收入，方法有很多，比如安老按揭、股票基金及債券基金等。平日，大家為自己或父母做投資，可能會選擇銀行或其他網上平台，不過移民家庭卻不一樣，除了要實現投資的目標外，投資工具更要兼具方便管理和財富傳承的功能。「投資相連壽險計劃」（簡稱「投連險」）結合投資和保險，是兼備投資成分的人壽保險保單，它可以為保單持有人同時提供投資選項（一般為基金）及人壽保障，「投連險」內的投資選擇由保險公司把關，故其基金選擇相對穩健。

投連險與投資於基金的性質有類似之處，同樣地，回報主要取決於所選擇基金的投資表現，以下是兩者的比較摘要。

圖表 5.7　投連險 vs. 基金

投連險		基金
保單持有人	**個人角色**	投資戶口持有人
由保險公司持有	**基金單位持有人**	由個人所持有
來自基金的表現，並由保險公司根據整體的保單條款而定	**投資回報**	根據基金的表現而直接反映
指定的受益人享有你身故賠償的權益，身故賠償與相關或參考基金的表現掛鈎	**遺產處理**	基金的權益將成為遺產的部分，需要通過遺產繼承程度處理

投資組合由保險公司把關

過去因為一些歷史原因，包括收費結構等等，有一部分的投資者認為沒有必要通過「投連險」構建基金組合，不過對於移民家庭而言則不一樣。首先，「保險連」比較有利子女遙距協助父母管理基金投資，比起父母個別去金融機構聽不同的意見，可能更佳，「投連險」的基金選擇相對穩健，不用擔心父母在自己不在香港期間購買了不知明甚至是過高風險的理財產品。

可指定不同國籍受益人

第二，投連險在遺產傳承上，對移民家庭有絕對的優勢。假設你移民到澳洲，父母留在香港，而你的子女未來因工作關係又長居於其他國家，在環球流動性愈來愈強的當下，一個家庭的不同成員有幾個身份甚至國籍並不是奇怪事，每一個國家或地區的遺產繼承程序也有異，可以想像繼承過程所需要的「工作量」及麻煩程度，絕對比整個家庭都留在香港困難得多。投連險是保險，可指定受益人，身故後可以較快的時間將利益送到受益人手上，節省了不少繼承流程及時間，這是一般投資戶口很難取代的功能。

所以，如果需要為留港父母構建退休投資組合，不要忘記「投連險」這個選項。至於，如何以基金簡易配置出適合退休的組合，下一節會詳細討論。

5.5

個案：
活用「投連險」自製養老金

現時多了不少港人選擇移民，但由於家中長者因為適應問題，不願或無力離港，子女因移民而對父母留港生活有顧慮，亦有長者擔心自己無人照顧，亦有人擔心將無人供養，退休生活堪憂。以下個案中，家中年輕成員都計劃移民，可善用「投連險」兼具投資增值及保險的功能，為留港媽媽自製「養老金」。

家庭狀況：

Paul（45歲）、太太（43歲）

主要家庭資產：

•   存款約400萬港元

•   一個英國物業

移民計劃及理財問題：

本身於網上經營一點小生意，預計於移民後可以繼續有一定程度的收入，暫時不擔心自己於移民後的生活。Paul 與太太沒有子女，計劃移民後不會再回來香港，所以盡沽香港資產，現時手上只持有現金。

Paul 的妹妹亦計劃移民，所以擔心留港媽媽（現年約65歲）的生活安排。現時 Paul 和妹妹每月共給家用約1萬港元，由於妹妹有子女，移民後生活壓力比較大，所以 Paul 願意多付一點錢去支持媽媽的生活。初步構思，妹妹貢獻50萬、Paul 貢獻250萬，合共300萬港元留給媽媽養老，可以如何安排呢？

個案重點：

家中年輕成員都移民英國，等於成為了英國的稅務居民，如果資產是用於留港的家庭成員使用，則不宜以個人名義持有，因為投資回報會受稅務的影響，將打一個折扣。母親每月的支出約1萬港元，兄妹二人留下約300萬港元的資產，如果部署得宜，相信足夠母親使用一段比較長的時間，不過有以下兩點值得留意：

* 要審慎投資，抗通脹之餘可滿足定期提取以支持退休生活的需要；

- 母親百年歸老後，兄妹二人可按比例繼承財富（善用投連險中填寫的受益人設定）。

建議方案：

為父母準備退休收入，最好的工具相信是投連險，因為可同時兼顧增值、創造被動收入、跳過遺產承辦程序達致傳承的效果，不過投連險本質上是以保險為「載體」，背後投資基金。

由於投連險涉及管理基金組合，其實掌握資產配置的大原則，新手也可以做出通用的基金組合。若以退休生活去配置基金，創建穩健的組合至關重要。300萬港元的資金去應付每年約12萬港元的支出，理論上只需要年均4%的回報，考慮到通脹因素，如果組合做到年均6%的回報，這筆退休儲備就可以維持一段更很長的時間，甚至可以永續。

從歷史數據看，過去幾十年，環球成熟國家的股票市場，年均回報約8%至9%，所以獲取4%至6%看似不難，但事實上股市的波幅太大，可達數十個百分比。要配置出適合退休的穩健組合，最簡單的方法是將有利不同經濟情況的資產類別都放進投資組合，減低組合波動性，從而更安心地等待升值。一般可分為4個經濟情況：

1. 預期經濟樂觀：股票

2. 預期經濟悲觀：債券

3. 預期通脹：商品

4. 預期通縮：貨幣

關於各種資產的配置比例，最理想當然是根據自身情況和經濟情況定期調整，但我們可以先做一個最簡單的組合，就是各佔約25%：25%的美元貨幣、25%的股票分別是美國市場和非美國市場，再各佔一半；25%美國債券市場；25%的商品只包括黃金。

圖表 5.8　基金資產配置比例

	資產類別	參考產品	比例
1.	貨幣	美元	25%
2.	美國股票市場	Vanguard Total Stock Market Index Fund（VTSMX）	12.5%
3.	非美國股票市場	Vanguard Total International Stock Index Fund（VGTSX）	12.5%
4.	美國債券市場	Vanguard Total Bond Market Index Fund（VBMFX）	25%
5.	黃金	SPDR Gold Shares（GLD）	25%

看看這種資產配置在過去20年的表現如何。在2001年投資10,000港元，持有以上的組合，每年動態再平衡（rebalancing）一次，並一直持有。至2020年，這個組合增值至32,801港元，升值了約228%。

圖表 5.9　基金組合增長

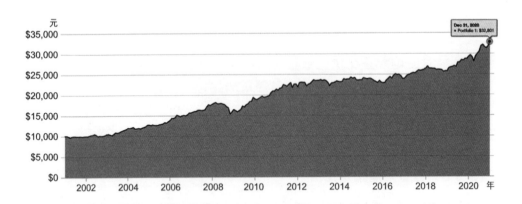

見圖表5.10，這種組合的投資表現很穩定，20年內只有5年是下跌的，分別是2001年、2008年、2013年、2015年和2018年，最差是2008年，下跌7.27%；最大的升幅則是2009年，上升15.71%。

圖表 5.10　基金組合每年回報

不過，退休就不只是坐等升值，而是每年都有需要提取資金使用，所以我們再做另一個假設，在2001年時整個組合價值300萬港元，同樣的配置比例，25%美元、25%環球股票、25%美國市場債券和25%黃金，並每年提取12萬港元作生活費，20年的投資成績如下：

圖表5.11　基金組合增長（每年提取12萬港元）

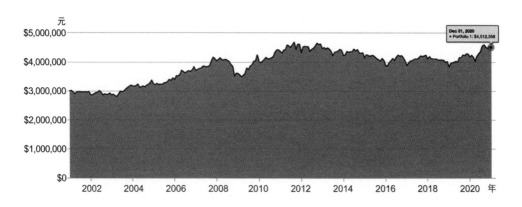

從這組歷史數據看，從2001年至2020年，在每年提取12萬元作生活費的同時，組合總值亦從300萬元升值至逾450萬元。所以，希望獲取年均4%至6%的投資回報，只要做好合適的配置計劃即可。此外，由於組合內持有貨幣基金，所以很容易便能提取作生活費，亦不會因為市場波動而增加心理壓力，適合退休用途。

事實上，退休面對的風險仍然有很多，包括「長壽的風險」、「回報序列的風險」「長期照料的風險」等，以上是簡易方案，退休人士宜全面檢視自己的理財安排！

第六步

保險＋信託
省入息及遺產稅

TRUST

6.1

「隔離」非英國資產
免繳遺產稅

移民到全球徵稅的國家，普遍只對稅務居民名下持有的收入和資產徵稅，如果資產已在移民前「隔離」在信託名下，理論上只要還未分配到受益人手中，信託內資產和收入都不需要納稅。英國的離岸資產信託（Excluded Property Trust）需要成立人在持有英國居籍前設立，信託內所有非英國資產均可獲豁免繳交遺產稅，而視乎受託人的稅務居民身份和成立時間，信託內的收入和資產增值收益有機會能延遲至分配時才支付，能在合法合規情況下達到省稅和延稅的效果，大大增加稅務規劃的靈活性，同時提高資產的增值幅度。

「信託」一詞源於古羅馬法，而生前信託則在十二、十三世紀十字軍東征期間，由英國普通法建立。成立信託的常見目的包括為未成年子女或有特別需要的受養人提供財產的託管、為沒有足夠理財知識的家庭成員提供財務保障、作為慈善贈與，以及減輕稅務負擔等等，而最後一項是現時很多家庭在策劃移民時需要關心的節稅及財產傳承功能，協助家庭或個人完成各種稅務或非稅務的理財目的。

常見的移民信託有英國的離岸資產信託、美國的境外委託人信託
（Foreign Grantor Trust）和加拿大的祖母信託（Granny Trust）。

圖表6.1　信託運作模式

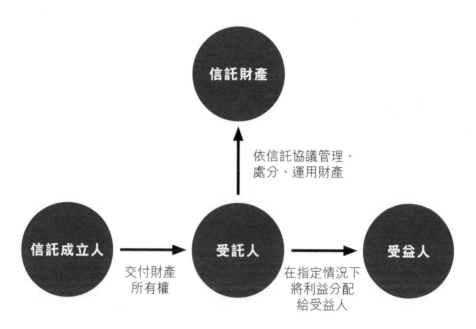

普通法下的信託不是一個法律實體（Legal Entity），而是一個三方
協議，在受信責任（Fiduciary Duty）下，信託成立人（Settlor）將
他的財產所有權委託給受託人（Trustee），受託人按照雙方釐定的
信託協議（Trust Deed）管理及／或處理信託內的財產，並在指定
情況下將財產轉給指定的受益人（Beneficiaries）。

以一個簡單例子說明，像你和你的朋友身在機場，突然他需要到洗手間，將行李（財產）交給你，囑咐你見到他太太（指定受益人）時，把行李交給她（信託協議）。在外人眼中，這是你的行李（所有權），但其實你只是受委託「代持」（受信責任），並非行李的實際擁有人，而在你承諾的一刻，便產生了受信責任，也就是一個「信託」的開始。

信託資產不再屬於個人名義

如果你以個人名義持有資產，涉及的資產增值自然需要納稅，身後的遺產由後人繼承同樣也會引申遺產稅，如果改用信託持有資產則有一定程度的可控性。作為一個信託的成立人，將資產轉移到信託後，雖然你或其指定人士仍然可以受益，但該資產在法律擁有權上已不屬於你本人，一般是屬於一間合資格並處於低稅地區的信託公司，既然這些資產名義上已經不屬於你所有，故此資產在信託內滾存和增值，便有可能不用即時繳納資產增值稅或入息稅。同理於個人離世之時，普遍已沒有關於遺產稅的責任。

以信託收益控入息稅稅階

不過，錢總是需要用的吧！信託的受益人要用錢時，又是否有稅務考慮呢？一般來說，受益人從信託獲取金錢，需要申報為個人收

益，換言之會有被徵稅的機會。不過，與個人持有資產的最大分別是「可控」，因為可以根據家庭成員的稅階決定分配多少收益，以達到省稅的目的。

舉一個簡單的例子，一對夫妻和一對子女，以家庭信託持有資產，本年度獲取了50,280英鎊的收益，信託決定向每名受益人平均分配收益，即父親、母親、兒子和女兒各人均獲得12,570英鎊。假設眾人沒有其他收入，由於每個人的年收入均不超過基本免稅額（2021/22稅務年度的免稅額為12,570英鎊），所以毋須繳納個人入息稅。換言之，整個家庭合共獲取了50,280英鎊的收入，但沒有一分錢的稅。相反，如果將資產集中在其中一名家庭成員的名下，例如爸爸或媽媽，由於個人入息稅稅率為40%，相信最少也有數千英鎊的稅負。

假設你身在英國，工資收入不低而又足夠生活有餘，個人稅階已達45%，同時有物業收租，變相每100英鎊的租金收入就需要繳納45英鎊的稅，大大影響投資回報。即使明知道租金收入會被打「五五折」，不過相信你不會提議租客明年才交租給你吧！所以，這類型的被動收入屬於不能「控制」的，不能因為該稅務年度的稅階高低而決定收入多少。而將資產存放於家庭信託內則可以實現這個可能性。除了之前提及的，將收益分配予不同家庭成員，善用各人的免稅額，也可以將收入延後至退休，退休後沒有了工資收入，免稅額的應用自然更寬裕。

信託代受益人支出

信託受益人受惠於信託的方式還有很多，除了上述的直接分配，由信託將資產或收益派送給收益人之外，也可以信託名義代受益人支出。舉例說，由信託購買一個住宅供受益人居住；或者由信託購買汽車供受益人駕駛或代步之用；又或者由信託支付教育或醫療費用等等。信託向受益人提供貸款或借出某些資產也是其中一些方式。總的而言，比個人持有資產享有更多的靈活性，能夠保護資產的同時，也可能有省稅的效果。

除了日常生活的安排外，家庭信託亦有利身後的財富傳承，當你的資產遍布世界各地，甚至不同家庭成員最終擁有不同的居民或國籍身份，難免要面對不同國家或地區的繼承稅及程序，信託普遍能避開這些繁瑣的流程。

成為英國居籍　不宜再注入資產

雖然家庭信託有不少的潛在優勢及好處，但有意成立家庭信託的朋友要注意，以上不同的資產受惠安排，也有可能涉及不同的稅務責任。以英國為例，只要在信託內處理得宜及安置合適的資產類別，即使未來成為英國的居籍，仍然可以享有前述的好處，包括控制稅階、免稅滾存和省遺產稅等等，惟英國本地資產不適合放置在信託

內，並且在成為英國居籍後不能再為信託注入任何資產，以免違反英國的反避稅政策。

太遲注資產　省稅有限

另外，如果已經成為了英國的稅務居民才將資產轉入信託，當期時有機會已經成為混合資金（Mixed Funds），在將來分配信託本金與受益人時，會受排序規則（Ordering Rules）影響繳納不乎比例的稅項；而在成為居籍後才將資產轉入信託，則要面對遺產

稅個人免稅額以上部份即時繳交20%的生前贈與稅（Chargeable Lifetime Transfer），並且每10年、分配或賣出資產時，須按價值交稅，信託的省稅能力自然大打折扣。所以，一般建議在移民英國前要成立信託，並將希望轉入的資產提早轉到信託名下，並安排好受益人等細節。

信託費可低至數百元

信託對於香港家庭來說可能比較陌生，或誤以為是「超級富翁」或專業投資者才會用到的工具，但其實在歐美等地，信託的費用成本不高，基本上是每一個小康家庭也能負擔。信託的成本主要分為3部分：成立費、每年的行政營運費，及第三方服務支出（如投資管理費、物業租管費用等）。成立費和行政費主要取決於信託資產的複雜性和成立人對管理分配的要求，如果單以移民稅務規劃為首要條件，應盡量將信託資產、收益分配條件精簡化，例如成立英國的離岸資產信託配合一張人壽保單，每月成本可低至數百港元。

面對架構或要求相對複雜的信託，費用支出自然較高，這時便需要通過重整資產及理財工具組合，讓信託內收益抵消行政成本，方能達至持續運行的效果。

6.2

保險＋信託最完善

保險與信託，驟眼看功能好像差不多，包括協助移民家庭構建新的資產持有架構、更彈性地分配收入從而控制稅階、便捷的遺產繼承流程等等。那是否有了保險就不需要信託呢？事實上，如保險最好配合信託運用，才是更完善的方案。

開始前，先進一步釐清保單合約內的各種角色。

保單持有人（Policy Owner）：亦作投保人，是與保險公司簽訂保險合約的人，擁有各種權利，包括更改受益人、提取保單現金價值和退保等。

受保人（Insured）：指受到保單保障的人，可以同時是保單持有人。若受保人並非保單持有人本人，則受保人需與保單持有人存在「可保權益」。

受益人（Beneficiary）：指當受保人符合理賠條件後（例如不幸身故），將會收到賠償的人；而受益人可多於一人。如保單持有

人，同時是受保人和受益人，當他／她不幸身故時，賠償將會成為遺產。

保險理賠不能避免遺產稅

保單的受保人離世，受益人是可以按照保單條款得到理賠（Insurance claim），如果保單持有人是英國的稅務居民及居籍人士，保險公司向受益人發送的理賠金額同樣會被納入英國的遺產稅稅網，而如果是保單持有人而非受保人離世，則納入稅網的金額是保單內的「現金價值」。相反，如果保單是受信託架構持有，只要信託人並非英國的稅務居民，其理賠金額便不會納入計算遺產稅的應稅資產價值。與此同時，由於理賠對象由保單受益人（英國稅務居民）變為信託人（非稅務居民），到受益人去世時，這筆資金不會變成再次應稅資產，避免家庭財富在跨代傳承過程中被多次徵稅的問題。

保險轉換持有人　有稅務風險

現時，不少的保單都可以透過「轉換持有人」方式，將保單「饋贈」他人，這種做法好處是，在饋贈時不會被當作視同銷售而產生資產增值稅，不過如果饋贈是發生在原保單持有人死亡前7年之內，則仍然有機會按饋贈時的保單現金價值被追收遺產稅。不過，如上文建議，保單如由信託持有，將不受此限。

理賠資金更有使用彈性

保單終結或理賠，分配利益及受益人的規則一般是比較簡單的，比如一筆過、分開數次或以年金方式。不過，如果理賠是先由信託接收再分配給受益人，可以設定的規則就彈性很多，比如可以在指定的條件下才派發、在子女將來面對婚姻、債務時得以保存、做到跨代傳承、甚至可以指示信託人利用部份理賠為後代投保人壽保險（信託仍然為保單受益人），達至永續信託的效果。

6.3

私募人壽
資產逾百萬可入場

本書介紹了兩種適合移民家庭使用的理財工具——**「保險＋信託」**以及**「投資戶口＋信託」**，運用得宜的話，將大大提升移民理財的效率！各個個案所述的都是香港本地市場普及的產品，大家都可以輕鬆尋找到相關的產品及服務提供者。本篇將介紹「私募人壽」（Private Placement Life Insurance），這是一項低成本及高稅務效益的財務工具，是一種兼具信託、保險、資產管理功能的人壽保險，保單的價值與所持有的資產掛勾，是一種在全球廣受認可的法律架構。私募人壽的入場門檻並不算太高，通常約一百多萬港元左右已經可以成立，而費用每年約為資產的1%至2%，資產規模更大可以做到更低水平，適合潛在應稅資產達數百萬甚至千萬元的家庭。

私募人壽起源自美國，本質上是變額萬用壽險（Variable Universal Life Insurance），過去在香港並不是主流產品，但在英國非常普遍，通常稱為Portfolio Bond、Life Bond 或 Investment

Bond。和傳統人壽保險不一樣，私募人壽的投保人除了以現金投保，還可以「實物保費」的方式，將分佈在各個司法地區、銀行、金融機構的資產擁有權及所屬權，轉換到保險公司名下，並整合在一張保單內。移民到英國等重稅地區時，除了在上文談及保險的優勢外，在整體資產管理上，還有3個重要好處：

省遺囑認證開支　減後人爭產風險

傳統以遺囑轉贈時，很多國家的法規都要求公開遺囑內容，過程中少不免會引發後人對遺囑的爭辯和質疑。當移民到一些有強制繼承權（Forced Heirship）的國家如日本、法國等，在法律上，資產可以完全依據持有人的意願去傳承。即使不是移民到這些國家，但如果資產遍佈在一個以上的司法地區，特別是房地產，遺囑更需經過多重法院認證，由於涉及不同法制（普通法和大陸法）及語言的國家，所花的專業人士費用和時間成本更會倍增。在某些國家，在認證遺囑的過程中，需要按資產估值收取費用，對高資產人士會添加額外的成本。

以私募人壽的方式傳承，便能通過指定受益人，短至以星期計的時間，將保單內的資產以理賠的方式發放。受益人可以是個人，公司，又或是一個家族信託，在減省諸多上述費用同時，也可避免不同地域的繼承法，減少後人爭產的問題和風險。

實物保費

通過私募人壽，資產例如股票、基金、債券等，便會以「實物保費」的方式，轉名至保險公司，而資產依然可以存放在相同或自選的受託人下，確保資產的安全性，做到雙重保障。整合資產在同一張保單後，除了能方便管理，同樣因應移民後，海外資產所有地的金融機構需就每一個賬戶作共同申報準則（CRS）申報，整合後只需每年匯報一個保單價值，方便之餘也避免少報了資產所產生的潛在稅法風險，化繁為簡，省時安心。

資產享「稅前回報式」增長

最後一點要說的，就是稅務效益。在英國，股票、基金、債券等在買賣獲利的過程中，需要支付高達20%的資產增值稅或45%的個人入息稅，導致在累積期間，回報率變相打折。通過將資產轉名到私募人壽保單後，資產變相由保險公司持有，而大部份保險公司都是註冊在低稅率、甚至零稅率的離岸「稅務天堂」，即使保單持有人移民到全球徵稅的國家，保單內的資產在買賣投資過程中所獲得的收益或增值，毋須繳入息稅和資產增值稅，並能享受以稅前回報率的複式增長（Gross roll up），同時兼具免稅、延稅的效益；特別在稅率達40%至50%，甚至更高的國家，複式效應下回報累積的差別可以非常巨大。

部份國際保險公司更如私人銀行一樣，設有專屬的交易小組（Dealing Team），協助客戶買賣全球各類資產，包括私人股權、藝術品、實物資產等處理較複雜的投資工具，令組合更多元化，更平衡。

成立私募人壽架構，視乎放入的資產內容，大約需時2至4個月不等。在處理「實物保費」時，保險公司需要進行更多盡職審查，如果資產存放在公司或信託架構內，所花的時間會更長。另外，實物保費如股票、基金單位，除了可以「轉倉」至保險公司指定的托管機構/銀行賬戶內，部份情況下，還能以「代名人」方式保留在客戶資產現存所在的金融機構及銀行，令保單持有人可以繼續沿用現時的交易習慣/系統，甚至是客戶服務及融資安排等。

圖表6.2 私募人壽運作方式

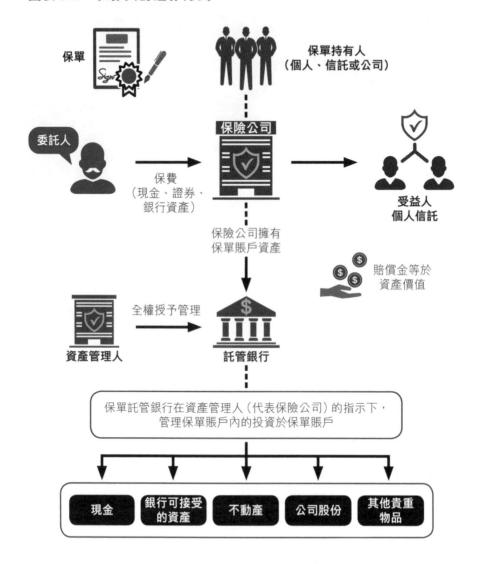

保單

保單持有人
（個人、信託或公司）

委託人

保費
（現金、證券、
銀行資產）

保險公司

保險公司擁有
保單賬戶資產

受益人
個人信託

賠償金等於
資產價值

資產管理人

全權授予管理

託管銀行

保單託管銀行在資產管理人（代表保險公司）的指示下，
管理保單賬戶內的投資於保單賬戶

現金

銀行可接受
的資產

不動產

公司股份

其他貴重
物品

6.4

剔錯選項
私募人壽獲利須繳稅

從序章來到這一步，相信你已經掌握了基礎的知識，亦都知道了挑選甚麼樣的工具比較合適移民理財之用。英國稅務真的很複雜，一個小錯誤隨時有機會造成大損失，以下是一個有關私募人壽的案例〔Lobler v Revenue and Customs [2013] UKFTT 141（TC）〕分享，「主角」在沒有足夠的理財建議下，因為在提款時「剔錯」一個選項，造成巨額稅款責任而損失了自己大部份的積蓄。

英國現行一項稅法（*S507 ITTOIA 2005*）下，保單持有人可以在保單生效後，每個年度提取已付保費的 5% 而毋須即時繳納任何稅款，最多可以提取 20 年，沒有提取的「額度」還可以累積，兼具創造現金流、延遲交稅和提高投資收益率三大優勢。這樣吸引的保險產品，在稅制嚴謹的英國，當然不可能沒有相應的反避稅政策（Ant-tax Avoidance rules）。

羅布勒先生（Mr. Lobler）是荷蘭人，在 2004 年時舉家搬到英國，在 2006 年，以賣出荷蘭住所的「終身積蓄」，加上私人銀行融資

的方式，以總額140萬美元購買了一張離岸私募人壽（Portfolio Bond）。

在緊接下來的2年內，出於買樓的計劃，羅布勒先生進行部份退保，在填寫報稅表時，選擇了「從所有保單部份退保」（partially surrender across all policies from specific funds）的選項，提取剛好140萬美元。

羅布勒先生當時認為，自己只是提取了投資時的「本金」，沒有任何應稅的收益，理應沒有任何稅務責任。可惜的是，英國稅局（HMRC）卻根據 *S507 ITTOIA 2005* 的第九章，向羅布勒先生徵收等值56萬美元的稅款，令他在償還銀行融資後，只剩下16.5萬美元，遠少於他實際保單的收益和本金（事實上在完全退保後他還有少許虧損），最終法庭亦在遺憾中（"thus with heavy hearts wedismiss the appeal"）判他上訴無效。

究竟在這「明顯不公平的結果」"remarkably unfair result"背後，是甚麼稅例原則做到這「剝錯」的結果呢？

部份退保會當作「收入」須課稅

現時市場上合資格的 Portfolio Bond 保單，因為稅務規劃的考慮，通常會有把保單分成均等「子保單」的選項，在投保人想提款

時，可以因應金額選擇「從所有保單部份退保」，或「完全退保一定數量的子保單」。在上述羅布勒先生的例子中，他應該選擇後者而非前者。

根據稅例*S507 ITTOIA 2005*，在計算入息稅時，如果以部份退保的方式，英國稅局會將退保金額減去5%已繳保費（可累積）當作「收入」處理，即使整體保單價值比已繳保費為低（虧損）。

相較之下，在完全退保時，只有退保價值超過總保費的部份，才會當作「收入」計算個人入息稅。簡而言之，在保單虧損或在保單初期需要大額提款的情況下，如果選擇完全退保一定數量子保單，很大機會不會為保單持有人造成不存在的「入息」。

雖然在完全退保後，英國稅局會就實則保單收益進行調整，給予相應的稅務寬免（deficiency relief），但只能用在扣減高稅率人士（High Rate）完全退保當年的入息稅，假使當年入息不高而不適用，就變得沒有意義，也不能用作追回過去「多繳」的稅款，這正正就是羅布勒先生不合理判決的個案情況。

由此可見，在涉及移民移居的情況下，保險規劃在購買前後同樣重要，需要有稅務、法律和保險專家互相配合，才能「買得好時無煩惱」。

6.5

個案：信託保單滾存
　　　提供慳稅現金流

綜合上文要點，移英家庭可通過保險、信託去滿足延後交稅、慳稅和財富承傳的需求。以下是一個典型保險＋信託的個案，更加上按揭的安排，這亦是過去一段時間，最多移民家庭採納的綜合理財方案。

家庭狀況：

David（52歲）、太太（44歲）、兒子（16歲）、女兒（14歲）

主要家庭資產：

- 香港自住物業（已供滿，市值約1500萬港元）
- 香港車位（市值約250萬港元；以公司名義持有）
- 英國自住物業（市值約500萬港元）
- 現金總值約50萬港元

移民及理財計劃：

David一家四口準備以BNO Visa移居英國，已在當地置業。兒子和女兒計劃在英國升讀中學和大學，並預計兒子畢業後會留在英國。

David到英國後，仍會繼續工作，預計60歲正式退休，和太太暫時也想在英國退休，預期夫婦兩人在英國退休的開支為每年30,000英鎊。不過希望保留香港自住物業作「後備」，萬一想回港退休也有住處，現時擔心遺產稅的問題，二來關注是否有節稅的現金流，供英國退休之用。

個案重點：

保留香港的自住物業並轉為收租，將要繳交英國較高昂的入息稅，雖然有「匯款制」，但如果收入永遠不匯入英國使用，何以達到支持在英國退休生活的目的呢？所以，退休前後有海外物業收租，David都需要留意工資和其他收入的水平，如果去到較高的稅階（40%或以上），的確需要注意「稅後回報」對預算的影響。

另外，David擔心若干年之後，成為英國居籍人士，遺產稅稅網將覆蓋全球，以他現時的資產總值計算，遺產稅至少達：（2300萬－1000萬）×40%＝520萬港元。所以，即使資產價格不升不跌，後人的遺產稅負擔已經不輕，倘計及未來升值，稅款將更大。

建議方案：

筆者建議David考慮以下方案：

1. **離港前，將香港已供滿的物業再做按揭**，借入800萬港元的貸款；

2. 將800萬港元投入「終身人壽」保單；

3. 成立信託，注入上述保單及持有車位的公司股份；

4. 保單在信託內滾存增值至60歲時開始提取，並由信託向夫妻二人提供收入。

壓縮遺產應稅資產

由於人壽保險及持有車位的公司屬於除外資產（Excluded Property），放入信託後便不會再成為遺產稅的潛在徵稅對象，令規劃後的遺產稅變成：（2300萬（總資產）－ 800萬（貸款）－ 250萬（車位公司股份）－1000萬）x 40% = 100萬港元，除了信託外，在移民前善用「借貸」，也是應對遺產稅的方法之一。

以下是某保險公司儲蓄保障計劃的計劃書，假設陳先生於52歲分5年繳交保費共100萬美元（折合約800萬港元），60歲後就可以開始提取收益，並由信託向夫妻二人提供收入：慳稅的現金流一直提供到85歲，甚至更長的時間也沒問題，而保單的預期退保價值亦繼續增長，可以在百年後，將這筆錢交到子女的手上。

圖表6.3　預期提取安排及退保價值

歲數	該年度提取金額（美元）	預期退保價值（美元）
60 歲	40,000	769,000
61 歲	40,000	882,000
62 歲	40,000	929,000
63 歲	40,000	983,000
64 歲	40,000	979,000
65 歲	40,000	988,526
66 歲	40,000	1,022,049
67 歲	50,000	1,047,230
68 歲	50,000	1,074,360
69 歲	50,000	1,106,210
70 歲	50,000	1,137,384
71 歲	50,000	1,173,835
72 歲	50,000	1,229,065
73 歲	50,000	1,302,527
74 歲	60,000	1,315,398
75 歲	60,000	1,334,630
76 歲	60,000	1,356,432
77 歲	60,000	1,381,290
78 歲	60,000	1,408,563
79 歲	60,000	1,439,057
80 歲	60,000	1,467,640
81 歲	70,000	1,488,616
82 歲	70,000	1,516,251
83 歲	70,000	1,563,489
84 歲	70,000	1,598,393
85 歲	70,000	1,625,224

註：上述的保單的提取金額及預期退保價值只供參考，
　　具體視乎不同保險公司及不同的保單條款而定。

保單可傳承子女

假設保單以信託名義持有，每年提取的金額將可更彈性地分配到各個家庭成員手上，善用各人的個人免稅額，亦不用在保單持有人離世後，擔心遺產稅的問題。

如果保單同時具體更改保單持有人和受保人的功能，可以進一步轉保單給子女，上述的被動收入可以傳承給子女同時，保單亦不會因陳先生離世而終結。

總結，以上的方案滿足了陳先生的需求，亦是保險結合信託的一個標準操作方式。

第七步

「再移民」的規劃

REMIGRATION

獲取第三本護照的部署

由於英國稅率高，即使計劃以BNO Visa「5+1」取得英籍，由於英國允許雙重國籍，很多移民家庭會計劃獲取英國護照後，子女會留在英國落地生根，父母則可能選擇離開英國；如果你也有這個想法，建議你計劃在「移民監」期間同步取得第三本護照，助你能在未來生活選擇上更有彈性。

結合稅務及財務規劃的「身份規劃」一直是中高產財富管理重要的一環。在國際公民身份市場上，簽證、永居、入籍項目及途徑五花百門，本章將會提供一些思路，助你進一步規劃取得英籍後「再移民」的可能性，再配合自身情況選取合適的途徑。

港人須坐6年BNO「移民監」

在部署同步以BNO Visa入籍及獲得第三本護照時，需要注意英國「坐移民監」的時間要求。BNO Visa持證人在申請入英籍之前，先

要取得「無限期逗留」（Indefinite Leave to Remain, ILR）資格，在英國住滿5年，期間每年不能離開超過180天。正式申請入籍時，更要求申請人在申請前的12個月及5年內，在英國境外居住時間分別不能超過90天及450天。換句話説，「5+1」期間，每12個月不能離開英國超過90天，對申請同樣需要「坐移民監」才能入籍的技術移民項目、或如希臘、西班牙、愛爾蘭等投資移民計劃，便不太可能了。

相較之上，快速公民投資計劃（CBI）和居留投資計劃（RBI）項目對居住時間要求較為寬鬆，例如葡萄牙黃金居留簽證計劃（ARI）、保加利亞的外國人法令SG 29/07等，便有機會在「5+1」期間同步進行。

葡萄牙黃金簽證　每年平均只須逗留7天

以葡萄牙「黃金簽證」為例，該簽證標榜「移民不移居」。投資成本相對較低之外，成功率高及穩定的簽證批核都是最大的賣點。根據葡萄牙移民局的資料顯示，截至2021年4月，過去一年成功批出接近1,000張「黃金簽證」，在新冠疫情下是一個非常注目的數字。

黃金簽證獲批後，根據葡萄牙國籍法37/8，每年平均只須逗留7天，便符合居住條件，5年後達到其他要求後便能直接申請入籍。取得葡萄牙國籍後，投資者便能按意願保留或賣出，如果在居英期

間使用匯款制，這筆資金便可以分配在往後在當地生活時使用，而毋須因匯入英國而產生稅收問題。即使未能入籍或選擇不入籍，也可以在簽證完結後，選擇3年續簽一次，或賣出投資以居留要求換取永居身份，在不影響英國國籍同時，享有在前文所述的各種稅務優勢，甚至為將來回到英國生活，保留更多的延稅資產及傳承財富，為整個移民理財規劃加添完整性。

葡萄牙稅制吸引

葡萄牙稅制雖然並非最低，亦相當吸引有一定資產的人士。與英國一樣，葡萄牙也是一個全球徵稅的國家，在個人稅方面，在兩種情

況下，個人會成為葡萄牙稅務居民：第一，在連續12個月內，不論分開還是連續，居住滿183日以上；第二，在葡萄牙擁有一個居所，並意圖以它作為永久居所（Habitual Residence）。符合準則後，稅務居民身份會以居住在葡萄牙的第一天計算，在離開葡萄牙當天結束（假使有計劃長遠離開）。

葡萄牙個人稅制系統稱為PIT分為六大類，包括受僱（類別A）、自僱（類別B）、投資（類別E）、租金（類別F）、資產增值（類別G）及退休金（類別H）的收入。當地稅務居民須就全球收入交稅，資產增值也會合併在收入內，分級按累進制度計算：

圖表 7.1　葡萄牙 PIT 稅率

全球收入	稅率（2020/2021 年）
0 — 7,112 歐元	14.5%
7,112 — 10,732 歐元	23%
10,732 — 20,322 歐元	28.5%
20,322 — 25,075 歐元	35%
25,075 — 36,967 歐元	37%
36,967 — 80,822 歐元	45%
80,823 歐元或以上	48%

葡萄牙PIT針對利息、債息、股息等投資收入，葡萄牙稅務居民可以按對自己有利的方式，選擇累進制整體計算，或以劃一28%計算。

租金收入同樣可以選用任意一種計法，而葡萄牙政府為了鼓勵業主提供長期租約，2年以上的租約，稅率可以減免，最長20年租約租金收入稅率可低至10%。

至於移民人士比較關心的資產增值部份，如果是主要居所，只要銷售前後24個月及36個月內，以這筆資金重新在當地或歐盟／歐洲經濟區（EEA）地區購入主要物業，相關的增值便可獲免稅。其他物業的增值則獲50%減免，以累進制計算收入；物業以外的流動資產如股票、債券之類，則統一以28%計算PIT。惟特別要注意的是，收入及資產增值如果來源自葡萄牙政府認定「稅務天堂」（Tax Heaven）的黑名單地區，則稅率會有機會「懲罰性」地從28%提升至35%。

在很多歐美國家有所謂「富人稅」（Wealth Tax, 葡文為Adicional Imposto Municipal Sobre Imóveis），只針對當地物業，兩夫婦只需就價值達120萬歐元以上的部份，每年繳交0.7%的稅款，海外物業並不計算在內。

寬鬆遺產稅制利財富傳承規劃

葡萄牙在遺產稅方面亦相對寬鬆，夫妻和直系子女的傳承並不需要交稅，在遺留給第三方時，亦只須就葡萄牙的資產繳納10%的稅款。另外，如果在過去5年內沒有成為過稅務居民，更可申請成為非定居居民（Non-habitual residency, NHR），沒有居留條件要求下，可以有10年時間就海外大部份收入及資產增值豁免PIT，結合其他移民方案如BNO Visa，長遠能為移民後海外的收入及資產節稅達致最大化效益。

事實上，英國是否適合港人退休實屬見仁見智，不過移民家庭值得留意一個外國的退休趨勢「退休移民」（Retirement abroad）。其實，葡萄牙氣候宜人，生活成本偏低，本來就是歐盟區的退休勝地，加上新國籍法頒布後，只要合法住滿一年，不論是否葡萄牙永久居民或公民，在葡萄牙出生的子女可即時入籍，取得歐盟護照，將來能在27個成員國自由生活、工作及經商，令葡萄牙投資移民項目更值得認真考慮。

7.2

棄籍需注意稅務風險

雖然英國允許雙重國籍，不過若你之後移民到不承認雙重國籍的國家，可能就需要棄籍（Expatriation）。英國雖然不設「退出稅」（Exit Tax），棄籍並不涉及即時的稅務責任，但其反避稅政策會令潛在影響延伸至長達5年。

首先，視同居籍人士（Deemed Domicile）在離開英國、成為非稅務居民的3年內，遺產稅依然會將全球資產計算在內，如果以其他方式被判定為居籍，例如居籍選擇（Domicile of choice），則要在英國稅局認同取得新居籍後，才開始計算這3年，變相延長受影響的時間。

第二，如果棄籍前7年有4年以上為英國稅務居民，離開以後，在稅務上往後5年時間會被視為短暫非居民（Temporary non-resident），在這段時間內，如果再次成為英國稅務居民，便要就期間在海外的儲蓄類收入（Saving income）、股息、保險收益提取、過去在「匯款制」下的海外累計收益（如已提取並帶入英國）、賣出

資產帶來的升值收入（普遍限於離開英國前已持有的資產）等，按進入該個稅務年度的稅率計算入息稅(Income Tax)和資產增值稅。

美國設「棄籍稅」 追稅權可達10年

所有美籍人士、「綠卡」人士，即使不在美國居住，依然要就全球收入及資產增值繳稅，為了防止他們基於稅務負擔而放棄公民或綠卡身份，美國制定了「棄籍稅」（Expatriation Tax）政策，適用於所有合資格的美籍和持綠卡8年以上的人士，在棄籍時都必須繳交稅款。

現時，棄籍稅門檻為全球淨資產達200萬美元以上，或過去5年平均個人所得稅超過17.2萬美元，便達到，相信這涵蓋很多中產家庭。棄籍稅的計算是假定棄籍人士在「棄籍日」將所有資產按照當天的市場價格出售，按「資產增值」的部分合併繳交資產增值稅，以2021/22年度的稅率計算，最高可達37%。而且按照《美國稅法877條》，美國稅局對棄籍人士保留10年的追稅權，有意棄籍的人士應及早透過成立信託、免稅贈與等方式處理資產，並準備足夠現金應付稅款。

倘變非居民　非澳洲資產要徵稅

和美國近似，澳洲徵稅和在實際當地居留的天數沒有絕對關係，如果有意在澳洲定期居住或與澳洲有足夠生活、家庭、社會和財務關係，即使長期在海外居住，也可能會繼續保持澳洲稅務居民的身份，須就全球收入及資產增值繳稅。

不論是主動向澳洲稅局申報還是由稅局判定，一旦個人由稅務居民變成非居民，便會根據CGT I1，將所有非澳洲應課稅資產（Non-taxable Australian property），包括所有海外資產，視同銷售（Deemed Disposal Rule），升值需要繳納資產增值稅。納稅人可以選擇即時交稅，又或是將其轉為澳洲應課稅資產（Taxable Australian property），在實際賣出時才交稅。

這兩種處理方法其實都會引申各自的財務問題，由於資產沒有實際賣出，前者有機會就稅款引致現金流不足，嚴重情況或需變賣其他資產，變相需要繳交更多稅款，又或是被逼在虧損下變賣；後者由於在賣出時已經不是稅務居民，除了不再適用 Discount Method（持有1年以上資產升值獲50%計算），也要以更高的非稅務居民稅率交稅，潛在稅款比前者更高。

從上述國家的政策可見，棄籍或回流，都並非一勞永逸的簡單決定，棄籍前，應最好先向稅局做一份非稅務居民認定，以免日後被追收高額稅款。其實，在「環球公民」的趨勢下，「四圍走」的家庭，應裝備更多稅務相關的知識，筆者建議進行移民的財務規劃時，最好不要見步行步，或者「頭痛醫頭、腳痛醫腳」，全面及良好的規劃比主觀意願「更加」重要。

總結

感謝你閱畢本書，相信對於準備或已經移民英國的你會有所幫助。

我們在過去一年曾主講數十場「移居＋理財」的講座，內容也和本書一樣，並非單純的稅務教學，其優勢在於將稅務知識結合香港人常見的理財習慣，繼而帶出可行的移居理財方案。不過，畢竟每個家庭的情況也不一樣，加上英國的稅制複雜，舉例說不同的收入水平會有不同稅階、免稅額不一，當中有大量細節需要按具體情況而定，因此本書的例子也非稅務意見，這也是為甚麼筆者會建議移民人士在出發的半年至一年前向專業人士尋求專業的諮詢服務。

在英國，付費諮詢財務策劃師、會計師和稅務顧問是普遍的做法，在香港卻不流行，即使可能知道諮詢專業人士的好處，但仍然期望這些成本可省則省，但在複雜的環境下，「免費問朋友」可能會付出更貴的代價。針對這個痛點，本書已經為大家做了前期的工作，期望你閱畢本書後，已經裝備了基礎的英國稅務知識，了解到自己的理財組合會否在英國「水土不服」，甚至能夠考慮財富傳承等更長遠的問題。

當你有能力準備好自己最關心的財務和稅務問題後，能增加諮詢專業人士的效率，變相也節省不少費用。筆者建議有意移英的你提早向專業人士諮詢，畢竟從釐清問題，到制訂方案，再到落實執行方案需時，充足的時間是必須的。

最後，雖說本書以移民英國為主軸，不過在「移居＋理財」這個領域內，香港朋友仍會關注很多其他國家或地區，而我們們亦會持續分享相關資訊及心得。大家除了可以繼續留意我們的報章專欄外，也可以 LIKE 我們的 Facebook 專頁，會定期送上更多理財資訊！

Facebook 專頁：

李澄幸 Ray LEE

移民有「理」—李明正 Gin LEE

附錄（一）
常見移民英國方法

移民英國，一般方法是獲得簽證，在英國居住滿指定年期後，可申請永久居留權及入籍。以下簡介部分常見英國簽證。

1. 香港BNO簽證移民

透過BNO「5+1」移民英國，持有BNO的香港居民及其家屬，便可申請BNO簽證移民英國，而家屬一定要與主申請人同時間申請簽證，就可以在當地居住、工作及讀書。申請者可選擇在英國逗留2年半或5年，期間可無限次申請延長簽證。在英國居住5年後，可申請取得永久居留權（Indefinite leave to remain），取得永居後需要多住1年，即第6年就可申請入籍。

2. 投資者簽證（Investor Visa Tier 1）

英國投資移民的門檻不低，申請人須18歲或以上，並投資至少200萬英鎊於指定的基金或投資產品，為期5年。投資金額愈高，等待申請永居的時間愈短，投資500萬英鎊，居住滿3年可申請永居；投資1,000萬英鎊，只須2年即可申請永居。

3. 初創簽證（Start-up visa）及創業家簽證（Innovator Visa）

英國提供兩類的創業簽證，分別為初創簽證及創業家簽證。初創簽
證一般適用沒有營商經驗的人，營商計劃必須具創新性、可行性和
擴展性，要得到英國政府指定機構的認可，部分機構更會注資。該
簽證的居留期為2年，不能續簽。沒有營商經驗的申請者可從初創
簽證開始，營運企業一段時間後，可申請「創新者簽證」以在英國
居留。

創業家簽證的有效期為3年，在英國居住5年後，可以申請永居。
在英國擁有無限期居留許可12個月後，移民可以申請英國公民身
份。

4. 學生簽證（General Student Visa Tier 4）及畢業生工作簽證（Graduate Route）

4歲至17歲的學生可申請兒童學生簽證，前往英國升讀大學或大學基礎課程則需要申請學生簽證，可留英至課程結束。在英國（包括英格蘭、蘇格蘭、威爾斯和北愛爾蘭）大學成功完成學士或以上課程的留學生，可申請畢業生工作簽證（Graduate Route），學士和碩士可申請居留2年，博士可申請居留3年，此簽證不能續簽，也不能申請永居。

5. 居英權（British Nationality Selection Scheme）

在1989 年底，英國推出「英國國籍甄選計劃」（俗稱居英權計劃），讓50,000名香港市民（居英權一代）在毋須離開香港的情況下，也能取得英國公民身份，可享在英工作、居留、讀書的權利。他們的配偶和子女也能一同得到英國國籍。

居英權子女的下一代，若在英國本土出生，也能繼承英國公民身份。若子女在英國境外出生，則沒有居英權，需要申請家庭簽證（Family Visa）團聚移民。

註：資料更新至2022年1月，更多資訊可參考英國政府網站
https://www.gov.uk/entering-staying-uk/visas-entry-clearance

附錄（二）
參考網址

此書資料更新至2022年1月，更多最新資訊可參考以下網站。

第一步：從低稅到高稅　須改變財務策劃

英國稅局網站：

https://www.gov.uk/government/organisations/
hm-revenue-customs

第二步：認識英國稅制

英國稅務居民測試：

https://www.gov.uk/government/publications/
rdr3-statutory-residence-test-srt

英國政府對居籍的定義：

https://www.gov.uk/guidance/deemed-domicile-
rules

英國個人入息稅：

https://www.gov.uk/topic/personal-tax/income-tax

 英國資產增值稅：

https://www.gov.uk/capital-gains-tax

 英國遺產稅：

https://www.gov.uk/inheritance-tax

 英國自我報稅：

https://www.gov.uk/check-if-you-need-tax-return

 已與香港簽訂全面避免雙重課稅協定的國家或地區：

https://www.ird.gov.hk/chi/tax/dta_inc.htm

第三步:移民前賣股賣樓? 避繳資產增值稅

英國自住物業稅務豁免:

https://www.gov.uk/government/publications/
private-residence-relief-hs283-self-assessment-
helpsheet/hs283-private-residence-relief-2020

香港強制驗樓計劃:

https://www.bd.gov.hk/tc/safety-inspection/mbis/
index.html

香港強制驗窗計劃:

https://www.bd.gov.hk/tc/safety-inspection/mwis/
index.html

 物業授權書:

https://www.eaa.org.hk/zh-hk/Information-Centre/
Publications/The-Freshman/start-two/43-Power-
of-Attorney-must-

 第四步:帶保險移民　慳增值稅有法

 英國對境外保險徵甚麼稅:

https://www.gov.uk/government/publications/
gains-on-uk-life-insurance-policies-hs320-self-
assessment-helpsheet/hs320-gains-on-uk-life-
insurance-policies-2021

 英國何時對境外保險徵稅:

https://www.gov.uk/hmrc-internal-manuals/
insurance-policyholder-taxation-manual/
iptm7705

境外收益分攤抵免：

https://www.gov.uk/hmrc-internal-manuals/
insurance-policyholder-taxation-manual/iptm3732

保險 5% Rule：

https://www.gov.uk/government/publications/
gains-on-foreign-life-insurance-policies-hs321-
self-assessment-helpsheet

第五步：盡用「匯款制」及其他免稅額

Numbeo（計算生活費平台）：

https://www.numbeo.com/cost-of-living/

Glassdoor（查詢公司評價與薪資水準）：

https://www.glassdoor.co.uk/index.htm

第六步：保險＋信託　省入息及遺產稅劃

 香港法例第76章《信託承認條例》：

https://www.elegislation.gov.hk/hk/cap76

 第七步：「再移民」的規劃

 葡萄牙黃金簽證計劃：

https://www.sef.pt/en/pages/conteudo-detalhe.

aspx?nID=21

特別鳴謝

程俊昌
Libertas Consulting Company 創辦人 | www.giffordchen.com

CHUBB®
安達人壽

為您
未來作好準備

作為保險匠人，我們深信每一個人都是獨一無二。我們堅持，為客戶提供更切合個人所需的服務及產品；我們承諾，以專業而專注的態度，充分運用不同保險產品的精髓，提供全面有效的保障。

當我們凝聚一起，便結合成為公司成長的基本元素。我們不斷精益求精，持續提高保險產品及服務水平，保障客戶未來。

Chubb. Insured.℠

life.chubb.com/hk

CHUBB
安達人壽

安達傳承守創
儲蓄保障計劃

人生充滿不確定性，提前做好準備，為未來的人生累積財富至為重要。
安達傳承守創儲蓄保障計劃，為您提供長線價值增長，助您建立財富，同時具靈活性
讓財富代代傳承。

 3 大財富增長來源：
保證現金價值、
非保證增保紅利及終期紅利

 可行使年金選擇
多達兩次

 分拆保單
更改受保人的次數不限，或
轉換保單的部份退保價值至一份
分拆保單並指定另一位受保人

如欲了解更多，請即聯絡安達壽險顧問

 2894 9833

 life.chubb.com/hk

Wealth 139

移英財稅七步走

作者	李澄幸（Ray）、李明正（Gin）
內容總監	曾玉英
責任編輯	Wendy Leung, Jodi Wong
書籍設計	Stephen Chan
相片提供	Getty Images

出版	天窗出版社有限公司 Enrich Publishing Ltd.
發行	天窗出版社有限公司 Enrich Publishing Ltd.
	香港九龍觀塘鴻圖道78號17樓A室
電話	(852) 2793 5678
傳真	(852) 2793 5030
網址	www.enrichculture.com
電郵	info@enrichculture.com
出版日期	2022年1月初版

承印	嘉昱有限公司
	九龍新蒲崗大有街26-28號天虹大廈7字樓
紙品供應	興泰行洋紙有限公司

定價	港幣 $138　新台幣 $690
國際書號	978-988-8599-65-3
圖書分類	（1）投資理財　（2）工商管理

支持環保 此書紙張經無氯漂白及以北歐再生林木纖維製造，並採用環保油墨。